MARCO POLO

Burgund

Reisen mit Insider Tipps

Diesen Reiseführer schrieb Axel Patitz. Die Aktualisierung besorgte Dieter Basse. Der in Frankreich lebende Fotojournalist ist Burgund mit Herz und Gaumen verfallen.

www.marcopolo.de

Infos zu den beliebtesten Reisezielen im Internet, siehe auch Seite 98

SYMBOLE

MARCO POLO INSIDER-TIPPS: Von unseren Autoren für Sie entdeckt

MARCO POLO HIGHLIGHTS: Alles, was Sie in Burgund kennen sollten

HIER HABEN SIE EINE SCHÖNE AUSSICHT

WO SIE JUNGE LEUTE TREFFEN

PREISKATEGORIEN

Hotels		Restaurants	
€€€	über 100 Euro	€€€	über 40 Euro
€€	55–100 Euro	€€	25–40 Euro
€	unter 55 Euro	€	unter 25 Euro

Die Preise gelten für die Übernachtung von zwei Personen im Doppelzimmer mit Dusche/WC bzw. Bad ohne Frühstück.

Die Preise gelten für ein drei- bis fünfgängiges Menü. Bei preisgünstigen Menüs ist mitunter eine Karaffe Wein inbegriffen.

KARTEN

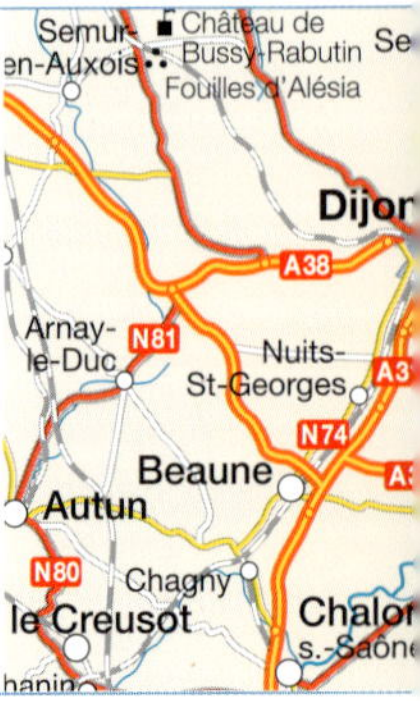

[108 A1] Seitenzahlen und Koordinaten für den Reiseatlas Burgund

Karten zu Autun, Auxerre, Beaune und Dijon finden Sie im hinteren Umschlag

Zu Ihrer Orientierung sind auch die Orte mit Koordinaten versehen, die nicht im Reiseatlas eingetragen sind.

GUT ZU WISSEN

Inhalt

Die wichtigsten
MARCO POLO Highlights

Sehenswürdigkeiten, Orte und Erlebnisse, die Sie nicht verpassen sollten

1 Hôtel-Dieu in Beaune
Krankenpflege als göttlicher Auftrag: Das Hôtel-Dieu hat nicht nur den schönsten Krankensaal Burgunds, sondern ist überhaupt ein großes Kunstwerk (Seite 28)

2 Abbaye de Fontenay
Keine andere Klostergründung der Zisterzienser hat die Jahrhunderte so unbeschadet überstanden wie Fontenay nordwestlich von Dijon (Seite 38)

3 Château de Bussy-Rabutin
Extravagant: Graf Rabutin schmückte sein Schloss mit Erinnerungen an die schönsten Frauen seiner Zeit (Seite 40)

4 Château de Saint-Fargeau
Königlichen Zuschnitt hat das von Wallgräben umgürtete Schloss, denn hier lebte eine Dame königlichen Geblüts im Exil (Seite 49)

5 Restaurant L'Espérance
Unter Feinschmeckern genießt das Restaurant in Saint-Père-sous-Vézelay einen Ruf wie Donnerhall (Seite 54)

6 Sainte-Madeleine
In Vézelay erwartet Sie der Höhepunkt romanischer Kunst schlechthin (Seite 54)

7 Fayencewerkstätten
Herstellung edler Töpferwaren in den traditionellen Werkstätten von Nevers (Seite 58)

Pilgerziel und Kunstmekka: Sainte-Madeleine in Vézelay

Der Fels von Solutré

8 La Charité-sur-Loire
Noch als Torso fasziniert die große romanische Abteikirche Sainte-Croix-Notre-Dame mit ihren Kunstschätzen (Seite 60)

9 Canal du Nivernais
Im Hausboot auf dem schönsten burgundischen Kanal – in Châtillon-en-Bazois können Sie auch zu Kurztrips starten (Seite 61)

10 Tympanon der Cathédrale Saint-Lazare
Am »Jüngsten Gericht« des Meisters Gislebertus kommt kein Kunstfreund in Autun vorbei (Seite 66)

11 Oppidum Bibracte
Vom Sieg der Römer über die Gallier zeugen Reste der Häduer-Hauptstadt und umfangreiche Ausgrabungen auf dem Mont Beuvray (Seite 70)

12 Cluny
Die Überreste der Zisterzienserhochburg lassen immer noch die schier unvorstellbare Pracht der einstigen Klosteranlage erahnen (Seite 72)

Hôtel-Dieu in Beaune

13 Solutré
Ein Wallfahrtsort besonderer Art: der Felsen, wo Steinzeitjäger Beute machten (Seite 74)

14 Saint-Philibert
Auf der Reise durch die Romanik ist die Kleinstadt Tournus mit ihrer Abteikirche eine unverzichtbare Etappe (Seite 78)

15 Château de Cormatin
Nicht nur schön anzusehen, sondern auch erlesen eingerichtet ist das prächtige Renaissanceschloss in der Südbourgogne (Seite 81)

★ Die Highlights sind in der Karte auf dem hinteren Umschlag eingetragen

Entdecken Sie Burgund!

Romanische Kunst, Treidelkanäle, Weinbau und Schlemmeradressen – eine Landschaft, die Lebensfreude verkörpert

Felder voller Sonnenblumen

Burgund an einem Herbsttag: Die Sonne, von einem Dunstschleier gefiltert, taucht die Weinhänge der Côte d'Or in satte Goldtöne. Wahre Schätze schlummern in den prallen Trauben – Schätze, die wortwörtlich mit Gold aufgewogen werden, wenn alljährlich die letzte Weinernte des *Hospice du Beaune* unter den Hammer kommt.

Szenenwechsel: Sie stehen irgendwo im Brionnais oder Mâconnais in einer dieser herrlichen romanischen Kirchen und versuchen, das Rankenwerk der steinernen Ornamente mit seinen seltsamen Fabelwesen und höchst realistischen menschlichen Fratzen zu enträtseln. Anschließend besuchen Sie eines der vielen Schlösser, wo Ihnen Fremdenführer erzählen, wer in diesen prächtigen Räumen einst residierte oder in Verbannung schmachtete.

Variante 3: Sie sitzen bei einem festlichen Schmaus, zubereitet von einem der berühmten burgundischen Köche, die darin wetteifern, den Ruf des Schlaraffenlandes mit aller gebotenen Raffinesse und Leidenschaft zu verteidigen. Dabei sind es nicht nur die großen Namen, die himmlische Gaumengenüsse bieten. Abgesehen von den international bekannten Kochkünstlern sind in den letzten Jahren vielerorts junge, talentierte Köche mit einer experimentierfreudigen, kreativen Küche hervorgetreten, sodass Burgund seinem Ruf als kulinarische Hochburg auch in Zukunft gerecht werden wird.

Burgund ist eine Landschaft für Genießer. Das trifft sogar zu, wenn Sie nicht in erster Linie wegen des Weins, der Kunst oder der Küche kommen, sondern mit Freunden oder der Familie ein Hausboot mieten, um beispielsweise auf dem Canal du Nivernais durchs Land zu

Blickfang: die zierlichen Dachtürmchen und glasierten Ziegel des Hôtel-Dieu in Beaune

Geschichtstabelle

18 000–15 000 v. Chr. Funde von Steinwerkzeugen und Knochen am Felsen von Solutré bei Mâcon bezeugen frühe Besiedlung

Ab 1000 v. Chr. Einwanderung von Völkern aus Süddeutschland und dem Gebiet der Schweiz

600 v. Chr. Die Kelten unterhalten Handelsbeziehungen mit den Griechen. Grabfund »Schatz von Vix« (um 530 v. Chr.)

58 v. Chr. Cäsar besiegt die keltischen Häduer bei Bibracte (Autun)

52 v. Chr. Niederlage der vereinigten Gallier unter Vercingetorix bei Alesia (Mont Auxois)

1.–3. Jh. Burgund wird romanisiert. Gründung der Hauptstadt Autun (Augustodunum)

5. Jh. Die Burgunder, germanische Stämme aus dem Ostseeraum, besiedeln die Saône-Ebene

534 Das Königreich Burgundia kommt zu Frankenreich

843 Vertrag von Verdun: Teilung des Reichs Karls des Großen

910 Gründung der Benediktinerabtei Cluny

1364 Beginn der Blütezeit Burgunds unter den Grands Ducs d'Occident, den Großen Herzögen des Abendlandes, Gebietszuwachs, u. a. mit Flandern, Luxemburg, Brabant

1477 Der letzte Burgunderherzog, Karl der Kühne, fällt in der Schlacht von Nancy gegen Herzog René von Lothringen und Schweizer Truppen. Ende der Großmacht Burgund

1493 Die burgundischen Besitzungen werden im Frieden von Senlis zwischen Frankreich und dem Reich Karls V. aufgeteilt. An die französische Krone fallen Bourgogne (das heutige Burgund), Artois und Picardie

1631–1789 In der Französischen Revolution Zerstörung zahlreicher Schlösser, Klöster und Kirchen

1836 Le Creusot entwickelt sich zu einem Zentrum der Metallindustrie

1878 Die Reblaus verheert ein Großteil der Weinberge

1982 Schaffung der Region Bourgogne

1984 Schließung der Werke von Le Creusot

1998 Burgund feiert das 900-jährige Bestehen des Zisterzienserordens

2002 20 Jahre Festival International de Musique Baroque et Classique in Beaune

Dijon: pulsierendes Leben einer Universitätsstadt in historischem Ambiente

schippern. Insgesamt stehen Ihnen als Freizeitskipper rund 1200 km burgundische Wasserwege zur Verfügung. So nehmen Sie ganz entspannt und en passant mit, was unterwegs an Highlights anfällt: hier ein Schloss und eine romanische Kirche, dort ein verschlafenes Dorf, ein stilles Landstädtchen, Weinfelder oder Laubwälder, aus denen Vogelgezwitscher dringt. Und immer wieder die Menschen: beim morgendlichen Einkauf der goldgelben Baguettes frisch vom Bäcker, beim Plausch mit dem Schleusenwärter oder der Crew eines anderen Hausboots ...

» Burgund ist eine Landschaft für Genießer «

Wird von Burgund als einer Landschaft für Genießer gesprochen, ist es unerlässlich, die Vielfalt dieser Landschaft näher ins Auge zu fassen. Die Einteilung in die vier Departements Côte d'Or, Yonne, Nièvre und Saône-et-Loire zieht eher Grenzen, als dass ein authentisches Bild entsteht. Eingeweihte sprechen dann auch lieber vom *Pays Beaunois*, wenn von den Weinbergen der Côte d'Or die Rede ist, oder vom *Nivernais*, wenn das Hügelland westlich des Morvan bis zur Loire gemeint ist, vom *Bazois, Auxois, Brionnais, Mâconnais* und so fort. Doch welche Bezeichnung Sie auch wählen: Auf einer Reise durch diese grüne Region inmitten von Frankreich werden Sie mit Sicherheit *Ihr* Burgund kennen und lieben lernen.

Was die großen burgundischen Städte betrifft – die Hauptstadt Dijon, die Weinstadt Beaune, das an der breiten Yonne gelegene Auxerre, das römisch geprägte Autun oder die alte Herzogsstadt Nevers –, so wird es schwer fallen, sie mit Kurzbesuchen »abzuhaken«. Jede hat ihr eigenes Thema.

Bei Dijon, der Hauptstadt heute wie zur Zeit der Großen Herzöge, ist es natürlich in erster Linie die Kunst. Was manchmal ermüdend, langweilig sein kann – hier ist es eine spannende Reise ins höfische Zentrum der mittelalterlichen Großmacht Burgund. Die Herzöge waren nicht nur sagenhaft reich und mächtig, sie liebten auch den Prunk, das üppige Tafeln – und die Kunst. Sie engagierten die größten Maler und Bildhauer ihrer Zeit, um sich in Öl und Marmor verewigen zu lassen. In ihrem alten Palast in Dijon, wo manches rauschende Fest gefeiert wurde, und sich dann die Tafeln buchstäblich unter den Speisen und feinen Weinen bogen, sind sie immer noch anzutreffen.

»Das Zauberwort im Weinland lautet »Dégustation«

Im Lauf der Jahrhunderte wurden nicht nur die großen Festbüfetts, sondern auch die feine, individuelle Küche um immer neue Variationen bereichert – wie heute die vielfältige Restaurantszene von Dijon eindrucksvoll beweist. Auch ansonsten erleben Sie Dijon als eine der lebendigsten und fortschrittlichsten Städte Frankreichs, in der Sightseeing ebenso viel Spaß macht wie Shopping oder das Nachtleben, das nicht zuletzt dank der vielen Studenten heftig pulsiert.

Ob Beaune, die andere »Hauptstadt« Burgunds, mit Dijon konkurriert, ist eine müßige Frage. Zwar beruft man sich auch hier gern auf die Großen Herzöge, deren Residenz die Stadt einmal war, aber Beaune hat keinen Wettstreit nötig. Ob Hôtel-Dieu, Palais des Ducs oder die riesigen Weinlager in den Gewölben der Bastionen – Beaune blüht und gedeiht dank der Heerscharen der Touristen und Weinfreunde aus aller Welt.

Kommen Sie dagegen nach Autun, Auxerre, Avallon oder Chalon-sur-Saône, werden Sie feststellen, dass hier die Uhren anders gehen. In diesen großen Kleinstädten sind immer die Einheimischen in der Mehrzahl – und die wissen das Leben zu genießen. Die Burgunder lieben ihre großen und kleinen Feste. Dank des Weins haben sie auch reichlich Gelegenheit dazu: Die *Fête Tournante de la Saint-Vincent* zu Ehren des Schutzpatrons der Winzer und die *Trois Glorieuses* werden in den Weinorten im Januar bzw. November gefeiert. Wenn Sie im Juli nach Vézelay kommen, geraten Sie dagegen leicht in einen Rummel, der religiösen Ursprungs ist. Menschen aus aller Welt pilgern dann bei der *Fête de la Madeleine* zur Basilika auf dem Berg. Da bleibt wenig Ruhe, sich die herrlichen Skulpturen von Sainte-Madeleine näher anzuschauen.

Beschaulicher ist dann eher eine Fahrt durch die von Rebstöcken geprägte Landschaft. Das Zauberwort in diesem Weinland lautet »Dégustation« (Weinprobe). Wer ihr erliegt, muss allerdings wissen, dass auch Frankreich mittlerweile maximal 0,5 Promille duldet und die Gendarmen keinen Spaß verstehen, wenn sie Beute machen. Die Versuchung winkt mit jeder Ortsdurchfahrt in Form von bunten Schildern. Ganz stilgerecht degustieren können Sie Anfang September bei einem offiziellen Gelage der Winzer von Gevrey-Chambertin. Damit

Weltruhm genießt der auf sanften Hügeln angebaute Wein von Chablis

verbunden ist eine Ausstellung und eine *dégustation*, bei der die Begegnung mit dem König der Weine, dem Chambertin, garantiert zum unvergesslichen, um nicht zu sagen berauschenden Erlebnis wird.

Aber auch andere Attraktionen gibt es in Burgund abseits der touristischen Hochburgen glücklicherweise im Überfluss. Wollen Sie einmal ruhig und völlig lautlos in einer bunten Kugel über Schlösser, Dörfer, Wälder und Wiesen dieser wunderbaren Landschaft schweben? Ballonfahrten mit der Montgolfiere sind eine nicht ganz billige, dafür einmalige Gelegenheit, Burgund von oben zu erleben – vor allem bei der alljährlichen *Montgolfiade* in Chalons-sur-Sâone zu Pfingsten.

An heißen Sommertagen zieht es manchen auch in die grünen Höhen des Morvan mit seinen Bade- und Wassersportseen, Schluchten, klaren Bächen und stillen Weilern. Auch das ist Burgund – sehr erholsam! Immerhin knapp ein Drittel der Region ist mit Wald bedeckt, und davon entfallen auf den Morvan allein rund 1400 km². Dieses Himmelreich für Wanderer, Wassersportler und Angler wurde 1970 zum *Parc Naturel Régional* erklärt. Und wer dieses grüne Herz von Burgund für sich entdeckt, wird kaum der Versuchung widerstehen können, hier den Rest seines Urlaubs zu verbringen.

» Morvan – das grüne Herz von Burgund «

Insgesamt verkörpert Burgund in einer einzigen Region nahezu alles – wenn man einmal von der maritimen Seite absieht –, was den Reiz und den Charme Frankreichs ausmacht: Kunst und Kultur, eine vielseitige Landschaft und natürlich das Savoir-vivre ... Schwer, diesem Charme nicht zu erliegen!

S PET
S PAV

Colette, Baukunst und Weinbruder

Der Reichtum Burgunds spiegelt sich nicht allein in unvergänglichen Kunstwerken

Baukunst

Burgund ist eine Schatzkammer der romanischen Baukunst. Die Abteikirche des Benediktinerklosters *Cluny*, erbaut von 1088 bis 1130, war bis zur Errichtung des Petersdoms in Rom die größte Basilika der Christenheit. Mit der Schule von Cluny wurde die Romanik in Burgund begründet. Sie nimmt hier grandiose Formen an, mit mächtigen Gewölben, starkem Lichteinfall und reichem Figurenschmuck. Die Zerstörung in der Revolution ließ von der einstigen Anlage nur wenige Reste übrig, trotzdem lohnt sich der Besuch von Cluny auch heute noch. Unversehrt erhalten ist hingegen deren kleinere Schwester, die schöne *Basilique du Sacré-Cœur* von *Paray-le-Monial*.

Überragende Bedeutung besitzt auch die Basilika *Sainte-Madeleine* von *Vézelay*. Die Schönheit des lichten Innern wird durch eine einmalige Vielfalt an romanischer Plastik ergänzt, dem Figurenschmuck des berühmten Tympanons und der Kapitelle. Das besterhaltene Zisterzienserkloster von Burgund ist die vom heiligen Bernhard von Clairvaux 1118 gegründete Zisterzienserabtei *Fontenay*, deren schlichte Pfeilerbasilika ohne Turm wie überhaupt die gesamte Klosteranlage den asketischen Geist seines Gründers widerspiegelt.

Erzählende Skulptur: Kapitell in der Klosterkirche Sainte-Madeleine in Vézelay

Als eine besonders schöne romanische Kirche gilt die 1019 geweihte Abteikirche *Saint-Philibert* in *Tournus*. Die Romanik dieses machtvollen Baus ist von einer unübertroffenen Reinheit und verzichtet auf jeden Figurenschmuck. Anders *Autun*, dessen berühmte Kathedrale *Saint-Lazare* als eine der großen Stationen der romanischen Kunst in Burgund mit einem geradezu majestätischen Tympanon und reichem Figurenschmuck der Kapitelle aufwartet. Sie sind das Werk des anonymen Meisters Gislebertus.

Charolais-Rinder

Nach der sanfthügeligen Region im südlichen Burgund ist die berühmte weiße Rinderrasse dieses Landstrichs benannt, deren Filets unübertroffen saftig und zart sind. Die besondere Fleischqualität wird nicht zuletzt dadurch erreicht, dass die Rinder fast das ganze Jahr im Freien weiden. Die Rasse entstand ab 1773, als Urheber gilt der Bauer Claude Mathieu. Von Februar bis Dezember finden große wöchentliche Viehmärkte in *Charolles (mittwochnachmittags)* und in *Saint-Christophe-en-Brionnais (Okt./Nov. donnerstagmorgens)* statt, bei denen jeweils Tausende der weißen Rinder den Besitzer wechseln – und die stattlichsten Bullen gekürt werden.

Confrérie des Chevaliers du Tastevin
Seit 1944 ist Schloss *Clos de Vougeot* Sitz der illustren Bruderschaft der *Tastevin*-Ritter, der bekanntesten unter den zahlreichen burgundischen Weinbruderschaften. Die Confréries entstanden einst als Hilfsgemeinschaft der Winzer für in Not geratene Kollegen. Medienwirksamer Höhepunkt dieses bacchantischen Brauchtums: die jährlichen *chapitres,* die Sitzungen der *Confrérie des Chevaliers du Tastevin* unter dem kirchenschiffhohen Dachgebälk im ehemaligen Dormitorium der Mönche. Fanfaren schmettern, Reden werden geschwungen, geistreiche Toastsprüche ausgebracht und feurige Trinklieder, die *cadets de Bourgogne,* angestimmt. Und natürlich wird festlich getafelt und gezecht, wie es alte Tradition in Burgund ist. Häufig sind bei diesen Festmählern, »wo Ritterlichkeit und Anstand nie fehlen«, berühmte Persönlichkeiten zu Gast, Künstler, Schriftsteller oder Staatsoberhäupter.

Zur Weinlese und im Frühjahr werden in besonderen *chapitres* die Weintraditionen gepflegt: Die *Saint-Vincent Tournante* gilt dem heiligen Vinzent und wird jedes Jahr in einem anderen Weinort der Côte d'Or veranstaltet. Bei der *Tastevinage* versammeln sich Weinkenner im *Clos de Vougeot,* um die anonym von burgundischen Winzern und Weinhändlern zur Bewertung eingereichten Weine zu testen und die besten zu prämieren.

Dächer
Farbenfrohe Dachpfannen formen phantastische Mosaike: Die bunten Dächer gehören so unverzichtbar zur Bourgogne wie Wein oder Senf. Selbst wenn manche Kunsthistoriker die Ursprünge dieser Art der Dachdeckung in Flandern sehen, sie erreicht beim Hospiz in Beaune ihren unbestrittenen Zenit. Oder vielleicht doch auf der Kathedrale von Dijon?

Felix Kir
Kir wird weltweit geschätzt als Aperitif: ein Schuss Johannisbeerlikör *(Cassis)* aufgefüllt mit weißem Aligoté-Wein. Aber jenseits der französischen Grenzen kennt kaum jemand den Mann, der ihn erfand: Felix Kir. Ein listenreich-knorriger Priester und Bürgermeister, der 23 Jahre lang seine Stadt Dijon durch schwierigste Zeiten lenkte. Er kämpfte unter Lebensgefahr gegen die Deutschen als Besatzer – um ihnen nach dem Krieg als einer der Ersten die Hand zur Versöhnung zu reichen. Als Kir 1968 im Alter von 93 Jahren starb, trauerte die gesamte Region.

Ferme Auberge
Näher kommt man Land und Leuten schwerlich: beim Tafeln auf dem Bauernhof. *Ferme Auberge* darf sich nennen, wer strengste Kriterien erfüllt. Das wichtigste: Bei der Zubereitung der Speisen dürfen

Die klare Einfachheit der Zisterzienserarchitektur – wie bei der Abtei in Pontigny – verbreitete sich von Burgund aus über ganz Europa

nur regionale Produkte verwendet werden. Lokalkolorit und Geschichten aus dem Leben gibt es als Gratisbeilage. Eine Reservierung ist stets erforderlich. Die Liste der mit dem offiziellen Qualitätslabel versehenen Höfe erhalten Sie beim *Comité Régional de Tourisme de Bourgogne.*

Galloromanisch

Mit der Eroberung Galliens in den Jahren 58–51 v. Chr. durch Cäsar wurde Burgund für über 400 Jahre römische Provinz. Zahlreich sind die Spuren aus dieser Zeit. An großen Bauten sind vor allem die römischen Stadttore von *Autun* zu nennen. Ausgrabungen in *Alesia,* wo Vercingetorix sich auf dem *Mont Auxois* verschanzt hatte und schließlich vor Cäsar kapitulieren musste, brachten eine ganze römische Stadt zu Tage, mit gepflasterten Straßen, den Resten von Tempeln, einem Forum und zahlreichen Wohnhäusern. Galloromanische Funde, vor allem Töpfereien und wertvolle Goldschmiedearbeiten, wurden in *Vertault,* nicht weit von Châtillon-sur-Seine, gefunden. Sogar die Quelle der Seine haben die Römer »kultiviert«: Der Göttin Sequana war ein Tempel geweiht, an der Quelle selbst fand man die Bronzestatue dieser Göttin sowie Holzfiguren und Exvotos.

Klöster

In keiner anderen Provinz Frankreichs gab es größere und wohlhabendere Klöster als in Burgund: *Saint-Bénigne* in Dijon, *Cîteaux* zwischen Dijon und Beaune, *Fontenay* nordwestlich von Dijon sowie ihre zahlreichen Niederlassungen. Ursprung dieses Phänomens ist die 910 vom Herzog von Aquitanien nahe Mâcon gegründete Benediktinerabtei *Cluny.* Ihre Äbte schufen mit der cluniazensischen Reform und einem straffen Kongregationssystem (Klosterverband) rund 2000 Niederlassungen in allen Teilen Europas mit über 10 000 Mönchen.

Bernhard von Clairvaux gründete für die gegenüber den Cluniazensern eher nach Schlichtheit strebenden Zisterzienser das Kloster

Auf den regionalen Bauernmärkten hoch gehandelt: die Hühner der Bresse

Cîteaux. Die Abtei ist noch heute das Zentrum des Ordens, das gleichnamige Kloster dagegen musste einem Zuchthaus Platz machen. Das Tochterkloster *Pontigny* in Nordburgund nahe Auxerre ist aber noch heute zu besichtigen. Thomas Becket, der Erzbischof von Canterbury, lebte hier 1162–66 in der Verbannung. Auch *Fontenay* überdauerte die Zeitläufe fast unbeschadet und gilt als die besterhaltene Zisterzienserabtei in Burgund.

Landwirtschaft und Industrie

Burgund ist vor allem Bauernland. Besonders fruchtbare Regionen sind der Nordwesten um Sens und Auxerre, wo Getreide angebaut und Rinderzucht betrieben wird. Dabei sind die weißen Charolais-Rinder nicht nur in der eigentlichen Stammheimat, dem *Charolais,* anzutreffen, sondern weiden praktisch in ganz Burgund. Um das Zentrum *Pouilly* wird auch Wein angebaut. Holzeinschlag in den Wäldern des *Nivernais* ergänzt die Landwirtschaft. Besonders vielseitig und ertragreich ist der Boden im Süden von Burgund, im *Saônetal* und in der *Bresse.* Neben Rüben, Kartoffeln und Weizen werden Mais, Tabak, Ölfrüchte und Gemüse angebaut. Berühmt sind die Hühner der *Bresse.*

Von überragender Bedeutung für die Wirtschaft Frankreichs war dank reicher Erz- und Kohlevorkommen die Waffenschmiede und Schwerindustrie der ehemaligen Stahlstadt *Le Creusot.* Heute konzentrieren sich die industriellen Aktivitäten auf die Entwicklung von Elektronik und neuen Energieträgern.

Morvan

Der Morvan ist das Land der Wälder und Seen, Schluchten und grünen Hügel, der klaren Bäche und stillen Dörfer. Er gilt als das grüne Herz der ohnehin grünen Bourgogne. Bei einer Breite von rund 50 km und einer Länge von rund 70 km erstreckt sich das Gebiet über alle vier burgundischen Departements. Geologisch ist der Morvan ein Granitmassiv, das Erosionskräfte abgeschliffen und eingeebnet haben. Im südlichen Teil gipfelt er unter anderem im 821 m hohen Mont Beuvray, während er sich gen Norden allmählich abflacht. Man unterscheidet deshalb den *Haut-Morvan* vom *Bas-Morvan*. Der größte Teil dieser urwüchsigen Region – rund 1960 km^2 – wurde 1970 zum *Parc Naturel Régional du Morvan* erklärt.

Insider Tipp

Sechs große, in Wälder gebettete Seen wie der *Lac des Settons*, der *Lac de Chaumeçon*, der *Lac de Pannesière-Chaumard* oder der *Lac de St-Agnan* locken zum Baden, Wasserskilaufen, Segeln und Kanufahren. Der Morvan ist außerdem ein großartiges Wandergebiet mit einem Netz markierter Wanderwege. Über den Naturpark und alle Aktivitäten informiert das *Maison du Parc* in Saint-Brisson. *www.parcdumorvan.org*

Nicéphore Niepce

Im Jahre 1822 setzte Monsieur Niepce am Fenster seines Hauses in Saint-Loup-de-Varenne empfindliches Material dem Licht der Welt aus. Damit erblickte die Fotografie ebendieses. Niepce teilte anschließend das Schicksal vieler Genies: Seine Mitmenschen hielten die Entdeckung für vollkommen sinnlos. Sechzig Jahre später stießen die Amerikaner auf die Arbeit des findigen Burgunders. Damit schlug die Geburtsstunde des Mediums Foto dann wirklich.

Die Schriftsteller Burgunds

Ein literarisches Dreigestirn: Colette, Rolland, Lamartine

Sie war eine Femme fatale und Pariser Mondäne: die 1883 in dem burgundischen Nest Saint-Sauveur-en-Puisaye geborene *Sidonie Gabrielle Colette*. Als »Colette« ist sie in die Literaturgeschichte eingegangen, eine Bestsellerautorin, deren Claudine-Romane Furore machten. Zum Schauplatz ihrer Romane wählte sie ihren Geburtsort, was trotz ihres Decknamens nicht immer zur Freude seiner Bürger gereichte.

Dagegen lebte *Romain Rolland* – Romancier, Nobelpreisträger und geboren in Clamency – bis zu seinem Tode 1944 zurückgezogen in Vézelay. Großen Erfolg hatte er auch in Deutschland mit »Jean Christoph« und »Meister Breugnon«.

Politiker und Wegbereiter der französischen Romantik war *Alphonse de Lamartine*, der 1790 nahe Mâcon geboren wurde. Auf Deutsch erschienen von ihm der Roman »Jocely« und »Der Sturz eines Engels«.

RESTAURANT

Schlemmen in der Bourgogne

Gourmettempel und Landgasthöfe von kreativ bis traditionell – Genuss als Kunst

Das Herz in beide Hände und eine gute Flasche auf den Tisch! So beschreibt man hier zu Lande werbewirksam Gastlichkeit! Wahr ist auf jeden Fall: Die Region verfügt über mehr Gourmettempel als jede andere in Frankreich. Für viele bedeutet eine Burgundreise gleichzeitig auch eine ausgedehnte Schlemmertour. In der Tat leisten manche Restaurants Atemberaubendes. Und das nicht nur in der Nobelkategorie.

Aber Achtung! Nicht jeder, der hier eine Kochmütze trägt, hat das Wohl der Gäste ins Zentrum seines Schaffens gestellt. So mancher Trittbrettfahrer profitiert vom kulinarischen Renommee der Bourgogne. Dort folgt den imposanten Menüvorschlägen auf der Speisekarte bestenfalls fades Mittelmaß auf dem Teller. Das allerdings zu gepfefferten Preisen. Faustregel gegen gewerbsmäßiges »Über-den-Tisch-Ziehen«: Sehen Sie einheimische Nummernschilder auf dem Gästeparkplatz, dann treten Sie beruhigt ein!

In der Bourgogne locken international bekannte Restaurants mit herzhaften Spezialitäten und ausgezeichneten Weinen

Die traditionelle burgundische Küche kann und will ihre rustikale Herkunft nicht verleugnen. Credo: nicht unbedingt allerletzte Raffinesse, dafür aber allerbeste Zutaten. Und daran mangelt es hier wirklich nicht. Vom Wein über den Senf, das Fleisch der Charolais-Rinder und Bresse-Hühner (mit AOC-Label) bis hin zum wohltuend vielseitigen Angebot an regionalen Käsesorten. Flüsse, Bäche und Seen bereichern den Speisezettel mit Forellen, Barschen, Karpfen oder Krebsen. Nicht jedermanns Geschmack, aber aus burgundischer Küche und Folklore nicht wegzudenken: die Weinbergschnecke. Wovon Sie sich etwa beim »Fest der Schnecke« in Andryes alljährlich am 13. Juli ein eindrucksvolles Bild machen können.

Leider finden sich – und das vor allem in touristischen Zentren – auf vielen Speisekarten eher Gerichte des Genres »Zanderfilets in Trüffelmousse mit Frühlingsgemüse-Julienne« als ein herzhafter *coq au vin* oder das klassische *bœuf bourgouignon*. Eine gute Chance, Letzterem dann doch noch zu begegnen, bietet sich allerdings in ungezählten kleinen Restaurants am Rande der Landstraße. Wo sie

Burgundische Spezialitäten

Lassen Sie sich diese Köstlichkeiten gut schmecken!

Speisen

andouillette – gut gewürzte Gekrösewurst vom Schwein, die meist warm gegessen wird

bœuf bourguignon – in Rotwein geschmorte Rindfleischwürfel mit Schalotten, Zwiebeln und Kräutern

civet de lièvre – würziges Hasenragout in Rotwein, mit kleinen Zwiebeln, Pilzen und Speck

coq au Chambertin – Hähnchenstücke in Chambertin-Wein

escargots – Schnecken in Weißwein

flamusse – rustikaler Apfelauflauf, überbacken mit Biskuit- und Eierteig

fondue bourguignon – in fast siedendes Öl getauchte Fleischwürfel mit pikanten Gewürzzutaten

gougères – pikante Käseküchlein, als Vorspeise gereicht

jambon braisé à la lie du vin – in Hefewein gekochter Schinken

jambon persillé – gekochter Schinken in Petersilienaspik

pain d'épice – Leb- bzw. Honigkuchen aus Dijion

paupiettes de veau au Pernand – Kalbsrouladen in Pernand-Wein von der Côte de Beaune

poire belle dijonnaise – pochierte Birne mit Johannisbeerlikör

pouchose – Fischsuppe aus verschiedenen Sorten Süßwasserfischen, in Weißwein gekocht, dazu geröstete, mit Knoblauch eingeriebene Brotstückchen

poulet de bresse sauté – rasch angebratenes Bresse-Huhn

poulet en sauce – Huhn, geschmort in einer Sauce, die je zur Hälfte aus Rahm und Weißwein besteht

quenelle de brochet – Hechtklößchen in Rahmsauce

velouté des escargots – Schnecken in Petersiliensauce auf knusprigem Tortenboden

Getränke

kir – Aperitif aus *crème de cassis* (Johannisbeerlikör) und herbem Weißwein

marc de Bourgogne – edler Tresterbranntwein

ratafia – kraftvoller Aperitif aus 1/3 Marc de Borgogne und 2/3 jungem Wein

mittags beim *menu du jour* für wenig Geld, wenn Sie wollen viel, vor allem aber gut essen.

In der Côte d'Or, dem Herzstück des burgundischen Weinbaus, wird vor allem die Rebsorte *Pinot noir* angebaut, die den berühmten roten Burgunder hervorbringt. Die Namen der Gemeinden der Côte d'Or stehen an der Spitze der französischen Weinliste. Bei so weltbekannten Lagen wie *Gevrey-Chambertin, Vosne-Romanée, Chambolle-Musigny* oder *Morey-Saint-Denis* sind es die Weingärten (Weinlagen) selbst, die vor den Dorf- und Gemeindenamen stehen und als *premiers crus* gelten. Sie liegen normalerweise eine Klasse höher als die anderen Weingärten oder *climats.*

Climat ist die burgundische Bezeichnung für die Parzelle eines Weinbergs. Bessere *climats* werden als *premier cru* bezeichnet, man setzt dessen Namen in gleich großer Schrift hinter die Dorfbezeichnung. Einzellagen mit überragender Reputation werden als *grand cru* ausgezeichnet; auf dem Etikett reicht allein der Name der Lage – zum Beispiel *Chambertin* oder *Romanée* – als Herkunftsbezeichnung.

Nordwestlich der Côte d'Or liegt das Gebiet des *Chablis,* eines geschätzten Weißweins aus der Chardonnay-Traube. Im Süden, zwischen Chagny und Saint-Vallerin, beginnt das Mercurey-Gebiet, die so genannte Côte Chalonnaise nahe der Stadt Chalon-sur-Saône. Die bekanntesten Lagen sind hier *Rully, Givry, Mercurey* und *Montagny.*

Nicht verwaltungstechnisch, aber weingeografisch gehört das Gebiet des Beaujolais im Süden noch zu Burgund. Hier wächst der Prototyp des Karaffenweins, der *Beaujolais-Villages.* Aus der Menge ragen einige große Gewächse heraus, wie *Chénas, Saint-Amour* und *Moulin-à-Vent.*

Nur herausragende Weine der besten climats dürfen sich »grand cru« nennen

REINE DE DIJON
REINE DE DIJON
Moutarde depuis 1840
MOUTARDE
à l'ECHALOTE
REINE DE DIJON
REINE DE DIJON
REINE DE DIJON
Moutarde depuis 1840
MOUTARDE
au CASSIS

Senf aus Dijon und Wein vom Winzer

Im Schlemmerparadies Burgund locken kulinarische Spezialitäten

Den Einkaufsbummel auf einem Wochenmarkt in einer der kleinen burgundischen Städte sollten Sie sich keinesfalls entgehen lassen. Hier gibt es alles, was die Region an landwirtschaftlichen Produkten hervorbringt, in bester Qualität und Frische zu besonders günstigen Preisen. Auch Spezialitäten wie Kastanienhonig aus dem Morvan oder in Handarbeit gefertigter Käse sowie Korbwaren, Keramik und andere lokale Erzeugnisse sind hier oft zu finden.

Der Senf aus *Dijon* ist weltbekannt. Er ist zwar in jedem Supermarkt erhältlich, doch am schönsten wird er im *Magasin de Moutarde* in *Dijon, rue de la Liberté,* präsentiert. Hier stoßen Sie auch auf Zubereitungen, die man sonst vergeblich sucht.

Mit einem Winzer in dessen Keller erst über Gott und die Welt und danach über seinen Wein zu diskutieren, bleibt eine unvergessliche Erinnerung. Das Schild »Dégustation« lädt Sie hundertfach in allen Weinregionen der Bourgogne dazu ein. Ob Sie allerdings dabei wirklich ein Schnäppchen machen, bleibt dahingestellt. Da bieten die reich sortierten Weinabteilungen der Supermärkte, die große Mengen und zu günstigeren Bedingungen einkaufen, oft bessere Chancen. Das allerdings – zugegeben – bei sehr viel geringerem Erlebniswert.

Senf – nicht nur scharf, auch mit fruchtiger Note – ist eine der vielen Köstlichkeiten zum Mitnehmen

Böse Zungen behaupten, auch in der Flasche eines weltberühmten *Grand Cru* befände sich maximal für 10 Euro Wein und darauf ein Etikett für 100 Euro. Es liegt an Ihnen, zu entscheiden, ob und wie viel Sie für Prestige bezahlen möchten. Oder ob Sie sich nicht lieber doch auf die spannende Suche nach Ihrem ganz persönlichen Favoriten unter den eher unbekannten Weinen begeben.

Öffnungszeiten

Als Richtschnur gilt: Geschäfte sind montags bis samstags 9–19 Uhr geöffnet. Bäcker und Metzger fangen früher an (ca. 7 Uhr) und haben teils auch sonntagvormittags geöffnet. Manche Läden machen ca. 12.30–14.00 Uhr eine Mittagspause. Einige – vor allem die kleineren – haben montags geschlossen. In Touristenregionen bestehen oft auch sonntags Einkaufsmöglichkeiten.

Feste, Events und mehr

Ehre, wem Ehre gebührt – mit Pracht und Pomp wird der Wein gefeiert

Natürlich stehen in Burgund Weinfeste mit an erster Stelle. Aber auch die traditionellen ländlichen Märkte und die Feste der Heiligen werden ausgiebig begangen.

Feiern mit Stil und Tradition

Offizielle Feiertage

1. Januar; Ostermontag; 1. Mai; 8. Mai *(Kriegsende 1945)*; **Himmelfahrt; Pfingstmontag (regional); 14. Juli** *(Nationalfeiertag)*; **15. August** *(Mariä Himmelfahrt)*; **1. November** *(Allerheiligen)*; **11. November** *(Kriegsende 1918)*; **25. Dezember**

Feste und lokale Veranstaltungen

Januar

Côte d'Or: Samstag nach 22. Januar *Saint-Vincent Tournante,* Prozession an wechselnden Orten zu Ehren des Schutzheiligen der Weinbauern

Februar

Chablis: 1. Wochenende Weinfest *Saint-Vincent Tournante*

Februar/März

Karneval in Chalon-sur-Sâone

März

Chalon-sur-Sâone, Auxonne und Nuits-St-Georges: Hospizweinverkauf *Vente des Vins des Hospices*
Nevers: *Marché Traditionel*

Mai

Mâcon: 3. und 4. Woche Weinmesse *Foire Nationale des Vins*
★ Semur-en-Auxois: Ende Mai bis Anfang Juni ältestes Pferderennen Frankreichs *Fête de la Bague*
Paray-le-Monial: Ende Mai Pilgerfest *Pèlerinage du Sacré-Cœur*
Chalon-sur-Sâone: zu Pfingsten Insider Tipp großes Heißluftballonfest *Montgolfiade*

Juni

Auxerre: Juni bis Ende September *Son et Lumière Les Grandes Heures d'Auxerre* in der Kathedrale

Beaune: 1./2. Sonntag *Foire de Beaune*
Mont-Saint-Vincent: Sonntag vor dem 24. Juni *keltische Johannisfeuer*
Escolives-Sainte-Camille: Kirschfest *Foire aux Cerises*
Beaune: Ende Juni bis 3. Sonntag im Juli: *Festival International de Musique Baroque et Classique*

Juli

Saint-Fargeau: Juli und August Insider Tipp *Son et Lumière* im Schloss mit 600 Schauspielern und 60 Reitern
Andryes: 13. Juli kulinarische Spezialitäten beim Insider Tipp Fest der Schnecke
Clamecy: 14. Juli Lanzenstechen auf der Yonne *Joutes Nautiques*
Autun: 2. Julihälfte Chorfestival *Musique en Morvan*
★ Vézelay: 22. Juli historische Wallfahrt *Pelerinage de la Sainte Madeleine*

August

★ Autun: Historisches Schauspiel *Augustodunum »Il était une fois«* mit 600 Darstellern im Amphitheater
Charolles: 1. Sonntag *Fête Folklorique Internationale*
Cluny: August bis November Konzertveranstaltungen *Les Grandes Heures de Cluny*
Gevrey-Chambertin: Ende August bis Anfang September *Festival Musique au Chambertin*
Saint-Léger-sous-Beuvray: Mitte August *Fête du Grand Morvan*
Ferrières: 3. und 4. Wochenende im August *Historisches Kostümfest*
Saulieu: letztes Wochenende Insider Tipp *Fête du Charolais*

September

Alise-Sainte-Reine: Wochenende vor dem 7. September Wallfahrt *Pelerinage et Mystère de Sainte Reine* mit historischen Kostümen und Theateraufführung
Magny-Cours: *Bol d'Or*, 24-Stundenrennen der Motorräder in Magny-Cours

Oktober

Chalon-sur-Saône: 2. Oktoberhälfte einwöchige *Fête du Vin*
Saint-Léger-sous-Beuvray: letztes Wochenende *Foire aux Marrons*

November

Dijon: Mitte November Festival des gastronomischen Kinos
Nuits-St-Georges: 3. Samstag, Sonntag und Montag traditionsreiches Weinfest *Trois Glorieuses* im Schloss Clos de Vougeot
★ Beaune: *Trois Glorieuses* mit Versteigerung der Hospizweine am 3. Wochenende
Meursault: *Trois Glorieuses* mit *Paulée de Meursault* (Festessen)
Chablis: 4. Sonntag *Fête du Vin*

Historische Wallfahrt in Vézelay

Im Reich der großen Namen

Beaune ist die Hauptstadt des Weins, Dijon die quicklebendige Universitäts- und Handelsmetropole

Zwischen Dijon und Beaune erstreckt sich auf rund 60 km Länge die Côte d'Or: ein zur Saône-Ebene sanft abfallender Höhenzug, an dem sich Weinfeld an Weinfeld reiht. Die Namen der Dörfer zu Füßen der Hügel sind identisch mit denen berühmter Weine: Gevrey-Chambertin, Vosne-Romanée, Nuits-Saint-Georges, Pommard, Volnay.

Sie sollten allerdings so schnell wie möglich die Nationalstraße 74 verlassen und über die höher gelegenen Dörfer fahren. Da rollen Sie entspannt durch Weinberge und können in Ruhe den Blick über die endlosen Reihen der Rebstöcke bis weit in die Saône-Ebene genießen.

Die Region Côte d'Or umfasst jedoch nicht nur die Weinberge zwischen Dijon und Beaune, sondern gibt auch dem Departement den Namen, das rund ein Viertel des gesamten Gebiets von Burgund einnimmt. In der Mitte liegt die lebhafte Hauptstadt Dijon. Von hier lohnen sich Ausflüge in nördliche und westliche Richtung, ins Châtillonais mit seinen weiten Wäldern und in die luftigen Höhen des Auxois und des Morvan.

Dijon: falsche Wasserspeier an der Fassade von Notre-Dame

Saftige Trauben für berühmte Weine

BEAUNE

Karte in der hinteren Umschlagklappe

[114 B2] Die Wein- und Kunststadt (22 000 Ew.) ist durch ihre Lage am Treffpunkt der Autobahnen Besançon–Lyon und Paris–Lyon touristisch bestens gelegen und neben Dijon die bedeutendste Stadt der Côte d'Or. Natürlich kommen Sie nicht am Besuch des berühmten Hôtel-Dieu vorbei, aber wer Beaune erleben und genießen will, entdeckt abseits von diesem hochkarätigen Touristenmagneten und der zentralen Place Carnot, dass die alte Weinstadt viele hübsche Winkel birgt, zu denen kaum ein Tourist findet. Dazu gehören auch Teile der gut erhaltenen Stadtmauer, die zahlreichen mittelalterlichen Bür-

Oliven, frisches Obst und knackiges Gemüse auf dem Markt von Beaune

gerhäuser und Stadtpalais in den Gassen um Notre-Dame und Place Monge, stille Innenhöfe und die Weinkeller von weniger namhaften Winzern.

SEHENSWERTES

Collégiale Basilique Notre-Dame
Nach dem Vorbild von Cluny wurde Anfang des 12. Jhs. die romanische Kollegiatskirche errichtet. Trotz späterer Anbauten ist sie ein typisches Beispiel des cluniazensischen Stils. Kunstschatz der Kirche sind die herrlichen *Tapisserien* (15. Jh.) im Chor. Nach Vorlagen des burgundischen Künstlers Pierre Spicre stellen sie in satten Farben Szenen aus dem Marienleben dar. *Place du Général Leclerc*

Hôtel-Dieu
★ Das weit über die Grenzen Burgunds bekannte Armenspital wurde 1443 von Nicolas Rolin, Kanzler von Burgund unter Herzog Philipp dem Guten gegründet. Der Stil ist burgundisch-flämisch; bis 1971 wurde es als Krankenhaus genutzt.

In dem prächtigen, 52 m langen, 16 m hohen mittelalterlichen Krankensaal *(Salle des Pauvres)* mit 28 Betten waren einst die Ärmsten der Armen untergebracht. Der berühmte, hier früher an der Stirnseite befindliche Flügelaltar »Jüngstes Gericht« (1443–51) von Roger van der Weyden ist heute in der *Salle du Polyptyque* in einem anderen Teil des Hôtel-Dieu aufgestellt. Zu besichtigen sind neben einer Sammlung von Wandteppichen und Möbeln noch die Krankenstation *(Salle St-Nicolas)* mit einer Ausstellung zur Geschichte des Hôtel-Dieu sowie Küche und ehemalige Apotheke. *Rue de l'Hôtel-Dieu, April bis Mitte Nov. tgl. 9–18.30 Uhr, Mitte Nov.–März 9–11.30 und 14–17.30 Uhr, www.hospices-de-beaune.com*

Stadtmauer (Remparts)
Die gut erhaltene, im 15./16. Jh. erbaute Stadtmauer mit acht Bastionen umschließt ringförmig die Altstadt. Insider Tipp Schöner Spaziergang auf Teilstücken, zum Beispiel auf der von Platanen gesäumten *Rempart des Dames* im nördlichen Abschnitt bei der Bastion Notre-Dame.

MUSEEN

Moutarderie Fallot
Der letzte unabhängige Senfhersteller der Region. In der Fabrikation und dem angegliederten Museum erwartet Sie eine Orgie der Gerüche und des Geschmacks. Man kann sogar seinen eigenen Senf herstellen. Oder klassische Rezepturen wie die eines Senfs mit Honig, mit Rosinen, mit Kräutern oder Wein probieren. Anmeldung bei der Tourist-Info erforderlich. *31, rue du Faubourg-Brétonnière, tgl. außer So und Fr 9.30–11.00 Uhr*

Musée des Beaux Arts
In der alten Kapelle der Ursulinen, dem rechten Flügel des *Hôtel de Ville* (Rathaus), befinden sich die archäologischen Funde und die Kunstsammlungen der Stadt mit Gemälden von flämischen und französischen Meistern des 16.–18. Jhs. sowie Werken des in Beaune geborenen Malers Félix Ziem. *Rathaus, tgl. April–Nov. 14–18 Uhr*

ESSEN & TRINKEN

Jardin des Remparts
In einem wunderschönen Gebäude aus den 1930ern: die aktuell beliebteste Adresse von Beaune. Wer hier Birnen im Morchelkaramell probiert hat, versteht warum. *10, rue de l'Hôtel-Dieu, Tel. 03 80 24 79 41, tgl. außer So und Mo,* €€–€€€

Les Tontons Insider Tipp
Sympathisches Ambiente und eine Küche, die mit gekonnter Beschrän-

MARCO POLO Highlights »Côte d´Or«

★ **Hôtel-Dieu in Beaune**
Ein Armenspital als großes Kunstwerk (Seite 28)

★ **Château La Rochepot**
Eine mittelalterliche Burg wie aus dem Märchen (Seite 31)

★ **Château du Clos de Vougeot**
Wo die Mönche edle Tropfen kelterten (Seite 32)

★ **Herzogsgräber**
Triumph der Kunst über den Tod hinaus (Seite 37)

★ **Abbaye de Fontenay**
Die älteste Zisterzienserabtei Frankreichs (Seite 38)

★ **Château de Bussy-Rabutin**
Exil einer eigenwilligen Persönlichkeit (Seite 40)

★ **Châteauneuf-en-Auxois**
Schloss und Dorf wie im Bilderbuch (Seite 40)

★ **Le Relais Bernard Loiseau**
Auch die Küche seiner Frau ist eine Reise wert (Seite 42)

kung auf das Wesentliche burgundische Rezepte in Szene setzt, machen das kleine Restaurant zu einer Entdeckung. *22, faubourg Madeleine, Tel. 03 80 24 19 64, tgl. außer So und Mo,* **€–€€**

EINKAUFEN

Beaune bietet etliche Adressen, wo das Weinangebot hohe Qualität mit entsprechenden Preisen vereint: *La Vinothèque, 4, rue Pasumont; Le Vigneron, 6, rue d'Alsace,* oder *Caves Exposition de la Reine Pédauque, Port Saint-Nicolas.* Hier können Sie ohne Verpflichtung in Ruhe probieren und besichtigen. Große Weinkeller sind auch in den Bastionen und Türmen der Stadtmauer untergebracht, so jene von *Patriarche Père et Fils, 7, rue du Collège, www.patriarche.com.*

Ein Muss bei Ihrem Besuch in Beaune ist das *Athenaeum de la Vigne et du Vin, 5, rue de l'Hôtel-Dieu,* wo Sie zum Thema Wein und Gastronomie von Burgund eine Fülle von Publikationen, Accessoires für Weinliebhaber etc. finden.

ÜBERNACHTEN

Insider Tipp **Belle Époque**
Gemütliches Haus mit Garten in der Nähe der Altstadt. *16 Zi., 15, rue du Faubourg Bretonnière, Tel. 03 80 24 66 15, Fax 03 80 24 17 49, hotelbelleepoque.gabard@wanadoo.fr,* **€€–€€€**

Le Cep
Ein stilvoll eingerichtetes Stadtpalais der Luxuskategorie in zentraler Lage und mit erstklassigem Restaurant. *57 Zi., 27, rue Maufoux, Tel. 03 80 22 35 48, Fax 03 80 22 76 80, www.hotel-cep-beaune.com, resa@hotel-cep-beaune.fr,* **€€€**

Hotel L'Ouvrée
Stilvolles Landhotel 5 km nordwestlich von Beaune im Winzerort Savigny-les-Beaune. Neben gemütlichen Zimmern mit neuen Bädern bietet das Haus für Gäste eine kostenlose Weinprobe. In der Hochsaison Halbpension erwünscht. *Route de Bouilland, Tel. 03 80 21 51 52, Fax: 03 80 26 10 04,* **€–€€**

FREIZEIT & SPORT

Fahrten im Heißluftballon vermittelt *Aéro Beaunois, Aérodrome de Beaune Challanges, route de Seurre, Tel. 03 80 22 21 93, Fax 03 80 24 73 90, aeroclub.beaunois@libertysurf.fr*

AUSKUNFT

Office de Tourisme
1, rue de l'Hôtel-Dieu, Tel. 03 80 26 21 30, Fax 03 80 26 21 39, www.ot-beaune.fr

ZIELE IN DER UMGEBUNG

Abbaye de Cîteaux **[114 C2]**
Das östlich der Autobahn zwischen Beaune und Dijon gelegene Kloster ist Gründungsort des Zisterzienserordens (1098). Hier lebte der heilige Bernhard, ehe er Abt von Clairvaux war. Während der Revolution wurde die Klosterkirche mit den Gräbern der ersten Herzöge von Burgund zerstört. Die heutigen Gebäude stammen vom Ende des 17. bis 19. Jhs. (Kirche). Seit 1898 leben wieder Mönche in Cîteaux. Einen spannenden Einblick in das heutige mönchische Leben ver-

mittelt ein gutes *Diarama.* Ganzjähriger Verkauf des klostereigenen Käses. *Besichtigung Klosterkirche Mai–Mitte Okt. tgl. 9.45–18.30 Uhr außer So vormittags und Mo, www.citeaux-abbaye.com*

Aloxe Corton **[114 B2]**
Das knapp 4 km nördlich von Beaune gelegene Dorf (198 Ew.) besitzt berühmte Weinberge. *Le Corton-Charlemagne* heißt eine der Lagen, benannt nach Karl dem Großen, der hier einen Weinberg besessen haben soll. Zu besichtigen sind ganzjährig die Keller des *Château de Corton-André* im Ort.

Arnay-le-Duc **[114 A1]**
Das Städtchen (2400 Ew.), rund 35 km nordwestlich von Beaune, war eine bekannte Etappe auf der Strecke von Paris in den Süden. Hier spielte sich zu Beginn der Französischen Revolution eine berühmte Szene ab: Adelaide und Victoire, Tanten Ludwigs XVI., wurden auf ihrer fluchtartigen Reise nach Italien in Arnay festgehalten und durchsucht. Dabei fand man Geld und Schmuck in Millionenwerten, die sie aus dem Land zu schmuggeln versuchten.

Im ehemaligen *Hospice Saint-Pierre (15, rue Saint-Jacques)* befindet sich die *Maison Régional des Arts de la Table (April–Anfang Nov. tgl. 9–12 und 14–18 Uhr),* die den gastronomischen Traditionen Burgunds gewidmet ist. Die Kirche *Saint-Laurent* stammt aus dem 15. und 16. Jh., im Innern eine Kapelle mit schöner Renaissancedecke. Hinter der Kirche die große *Tour de la Motte-Fort,* einziger Rest einer mittelalterlichen Burg. Bei der teilweise erhaltenen *Stadtmauer* liegt

Märchenschloss in schöner Lage: Château La Rochepot

das elegante ehemalige Jagdschloss der Prinzen Condé. In der Umgebung von Arnay befinden sich mehrere Schlösser, wie das *Château Antigny,* 7 km östlich, oder *Jours-en-Vaux,* 14 km südöstlich. Das Hotel-Restaurant *Chez Camille* gilt als eine der besten Adressen der Gegend mit exzellentem Preis-Leistungs-Verhältnis. *11 Zi., place Edouard Herriot, Tel. 03 80 90 01 38, www.chez-camille.fr, €–€€€; Annex: Clair de Lune, 13 Zi., 4, rue Four, Tel. und Fax wie oben, €*

Château La Rochepot **[114 B2]**
★ Wie der Prototyp eines Märchenschlosses erhebt sich Château La Rochepot über dem gleichnamigen Dorf 15 km südwestlich von Beaune. Das Schloss wurde 1403 vom Vater des Kammerherrn und Ratgebers Karls des Kühnen, Phi-

lippe Pot, auf den Resten einer alten Burg erbaut. Allerdings: Das heutige Schloss ist »nur« eine getreue Rekonstruktion des 19. Jhs., da es während der Revolution fast völlig zerstört wurde. Sie können den Saal der Wache, den Speisesaal, die Küche und die Kapelle besichtigen, die teilweise noch aus dem 12. Jh. stammt. Achten Sie auf das schöne gotische Gewölbe. *Juli/Aug. tgl. außer Di 10–18 Uhr, April–Juni und Sept./Okt. 10–11.30 und 14–16 bzw. 17.30 Uhr*

Château du Clos de Vougeot **[114 C1]**

★ Das berühmte Weinschloss an der Côte d'Or 20 km nördlich von Beaune lohnt unbedingt einen Besuch. Es wurde 1551 von dem Abt von Cîteaux erbaut und ist heute Sitz der illustren Bruderschaft *Confrérie des Chevaliers du Tastevin*. Im *Grand Cellier*, dem Weinkeller aus dem 12. Jh., finden die jährlichen festlichen Versammlungen am ersten Tag der *Trois Glorieuses* statt. Von gigantischem Ausmaß sind die vier mittelalterlichen Weinpressen und hölzernen Bottiche im Gärraum. *Führungen April–Sept. tgl. 9–18.30 Uhr, Okt.–März tgl. 9–11.30 und 14–17.30, Sa bis 17 Uhr, www.closdevougeot.com*

Gevrey-Chambertin **[114 C1]**

Als König der Weine wird der berühmte *grand cru Chambertin* bezeichnet. In Gevrey-Chambertin, 28 km nordöstlich von Beaune, werden insgesamt neun *grands crus* und 25 *premiers crus* erzeugt. Das ist selbst für einen Ort der Côte d'Or eine einmalige Menge an Spitzenweinen. Neben der Kirche aus dem 13.–15. Jh. mit romanischem Portal ist das Schloss zu besichtigen. Es stammt aus dem 10. Jh. und ging im 13. Jh. zur Weinlagerung in den Besitz des Klosters Cluny über. *Mitte April–Mitte November tgl. außer So vormittags 10–12 und 14–18 Uhr, im Winter bis 17 Uhr*

Meursault **[114 B2]**

Die Weißweine des Dorfes (8 km südlich von Beaune), gewonnen

Historische Weinzeremonie im Château du Clos de Vougeot

aus der *Chardonnay*-Traube, zählen zu den besten der Welt. Zahlreiche Winzer bieten Weinproben.

Letzte der hier gefeierten Trois Glorieuses ist die festliche *La Paulée,* bei der u. a. ein Literaturpreis (100 Flaschen Meursault) verliehen wird. *Besichtigung der Weinkeller von Château de Meursault tgl. 9.30–12 und 14.30–18 Uhr.*

Nolay **[114 B2]**
Als gutes Standquartier mit mehreren Hotels empfiehlt sich der Ort (1600 Ew.), 20 km südwestlich von Beaune, in der Hügellandschaft der Hautes Côtes. Markthallen (14. Jh.) mit prächtigem Dachgestühl. Hotel: *Du Parc,* eine ehemalige Poststation mit rustikalem Charme und wunderschönem Garten. *14 Zi., place de l'Hôtel de Ville, Tel. 03 80 21 78 88, Fax 03 80 21 86 39,* €–€€

Nuits-Saint-Georges **[114 C2]**
Der Name des Weinstädtchens (5400 Ew.), 17 km nordöstlich von Beaune an der nach ihm benannten Côte, steht für berühmte Burgunderweine. Sein Ruhm begann zu leuchten, als der Leibarzt des Sonnenkönigs seinem erlauchten Patienten täglich einige Gläser des *Nuits* und *Romanée* zu den Mahlzeiten verordnete. Im *Musée Municipal* Funde der galloromanischen Ausgrabungen nahe dem Ort und aus der Merowingerzeit. *Mai–Okt. tgl. außer Di 10–12 und 14–18 Uhr*

Insider Tipp
Im *Cassissium* können Sie alles zu Geschichte und Gegenwart der Verarbeitung von *Cassis* erfahren. *Impasse des Frères-Montgolfier, April–Mitte Nov. tgl. 10–13 und 14–19 Uhr, Mitte Nov.–März Sa 10.30–13 und 14–17.30 Uhr, www.cassissium.com*

Das *Hotel-Restaurant des Cultivateurs* ist keine Nobeladresse, aber mit seiner Atmosphäre und seinen Preisen ein Relikt aus der Zeit, als die Gäste der Bourgogne noch nicht in Dollar oder Pfund kalkulierten. *An der Ortsausfahrt Richtung Beaune, tgl. außer So, Tel. 03 80 61 10 41,* €

Pommard **[114 B2]**
Die Weine von Pommard sind Spitzengewächse, bereits geschätzt von Heinrich IV. bis Ludwig XV. und Victor Hugo. Das Dorf (600 Ew.) mit seinen schönen alten Häusern 3 km südwestlich von Beaune besitzt auch eine eigene Weinbruderschaft, die *Confrérie du Souverain Bailliage.* Weinprobe im *Château de la Commaraine* (mit Gewölbekeller des 12. Jhs.) im *Château de Pommard.* Chambres d'hôtes beim Winzer: *Domaine Th. Violot-Guillemard,* individuell dekorierte Zimmer in einem liebevoll restaurierten Haus aus dem 19. Jh., in der Dorfmitte. *4 Zi., 1 Suite, rue Saint-Marguerite, Tel. 03 80 22 49 98, Fax 03 80 22 94 40, www.violot-guillemard.fr,* €€

Insider Tipp

Saint-Romain **[114 B2]**
Das typisch burgundische Weindorf (250 Ew.), 9 km südwestlich von Beaune, liegt eingebettet in einen Halbkreis hoher Kalkfelsen mit herrlichen Aussichtspunkten. Vom mittelalterlichen Schloss (12.–13. Jh.) der Burgunderherzöge sind malerische Reste erhalten. In der *Mairie* eine kleine Ausstellung mit archäologischen Funden. Hotel-Restaurant: *Hôtel des Roches,* wo Sie unbedingt einmal ein Bresse-Huhn versuchen sollten. *8 Zi., village bas, Tel. 03 80 21 21 63, Fax 03 80 21 66 93,* €–€€

Von der Traube in die Flasche

Probieren gehört zum Studieren

Mal fahren Sie mit dem Rad in die Weinberge, um dann per Kutsche zu den Produzenten gebracht zu werden *(Dilivoyage, Beaune, Tel. 03 80 24 24 82)*, mal gehts für einige Stunden mit dem Minibus auf Dégustationsreise *(Wine and Voyages, Nuits-Saint-Georges, Tel. 03 80 61 15 15, www.wineandvoyages.com)*. Die Weinexperten Cathérine und Paul Cadiau bringen Sie zu den großen Weinadressen *(L'Ambassade du Vin à Pernand-Vergelesses, Tel. 03 80 21 53 72)* und organisieren neben der Weinprobe auch ein Essen mit burgundischen Spezialitäten. Weinseminare von ein bis fünf Tagen veranstaltet die *École des Vins de Bourgogne (12, bd. Bretonnières, Beaune, Tel. 03 80 25 04 95, www.vins-bourgogne.fr)*, wobei neben dem Wein auch die regionale Küche zu Ehren kommt. Bon appétit!

Santenay **[114 B2]**
Der Wein- und Kurort (1000 Ew.) 17 km südwestlich von Beaune erzeugt auf 3,6 km² den hervorragenden *Santenay (Pinot noir)*. Weinprobe im schönen *Château Philippe-le-Hardi* mit Kellern aus dem 12. Jh. In der Kirche Saint-Jean (13. Jh.) mittelalterliche Heiligenfiguren. Toller Rundblick vom *Mont de Sène* (521 m), Anfahrt über Decize-les-Maranges. Restaurant: *Le Terroir*, dessen Auswahl (auch) an lokalen Weinen mit der Qualität der Küche konkurriert. *19, place du Jet d'Eau, Hauptsaison tgl. außer Do und So abends, Nebensaison tgl. außer Mi abends, Tel. 03 80 20 63 47, €–€€*

DIJON

Karte in der hinteren Umschlagklappe

[110 C6] In der Hauptstadt von Burgund (150 000 Ew.) ziehen vor allem die Bauten und Kunstschätze aus der Zeit der Großen Herzöge (1363–1477) und die stimmungsvollen Altstadtviertel mit ihren prächtigen Bürgerhäusern die Touristen an. Von besonderer Wirkung ist dabei der Kontrast zwischen der in Jahrhunderten gewachsenen und bewahrten Bausubstanz und der Dynamik des modernen Lebens. So wurden in den letzten Jahren zukunftweisende Bauprojekte von kühner Architektur verwirklicht wie der Wohn-, Büro- und Freizeitkomplex *Parc d'Activité de l'Europe*, das supermoderne *Auditorium de Dijon* für Tanz-, Musik-, Opernaufführungen oder das *Centre Commercial de la Toison*. Und mit verschiedenen wissenschaftlichen Instituten wie dem *Institut National de Recherche Agronomique* ist Dijon zudem eine Hochburg der Ernährungs- und Nahrungsmittelforschung.

Die Attraktivität von Dijon spiegelt sich auch in der wachsenden

Einwohnerzahl wider. Entscheidend tragen nicht zuletzt die rund 30 000 Studenten der renommierten Universität zum jungen und lebhaften Ambiente bei. Ein Tipp noch, wenn Sie nach ausgiebigem Besichtigen und Bummeln ausruhen wollen: Die zahlreichen, schönen Parkanlagen und öffentlichen Gärten sind wahre Oasen der Erholung.

SEHENSWERTES

Cathédrale Saint-Bénigne

Der dreigeschossige gotische Bau (13. Jh.) wurde auf den Fundamenten zahlreicher Vorgängerbauten errichtet, darunter eine große, fünfschiffige Basilika mit Rotunde und rechteckiger Marienkapelle als Ostabschluss, die in der christlichen Welt nicht ihresgleichen hatte. Daher lohnt sich ein Gang in die Krypta, wo Teile der ehemaligen Anlage freigelegt sind. *Place St-Bénigne*

Chartreuse de Champmol

Nach der Zerstörung während der Revolution wurde an der Stelle der prächtigen *Chartreuse* eine Irrenanstalt errichtet. Von der einstigen Begräbnisstätte der burgundischen Herzöge (die Gräber wurden ins *Musée des Beaux Arts* gebracht) ist aber der großartige Mosesbrunnen *Puits de Moïse* (1395–1405) von Claus Sluter im Hof erhalten. Von Sluter stammen auch die Figuren am Portal der ehemaligen Kapelle; das kniende Herzogspaar Philipp der Kühne und Margarete von Flandern gelten als »die ersten meisterhaften, lebensgroßen Bildnisse der Neuzeit«. *Av. Albert I, Eingang 1, bd. Chanoine-Kir, zzt. wegen Restaurierung geschl.*

Église Notre-Dame

Ein eindrucksvoller gotischer Bau: Beachten Sie vor allem die außergewöhnliche Fassade mit unzähligen falschen Wasserspeiern. Im rechten Seitentürmchen hängt die Glocke *Jacquemart,* die Philipp der Kühne 1382 nach dem Sieg über die Flamen aus Flandern mitbrachte. 1610 bekam Jacquemart von den Bürgern eine Gefährtin, denen 1714 bzw. 1881 die »Kinder« *Jacquelinet* und *Jacquelinette* folgten. Als Prunkstück der Kirche steht in der Kapelle rechts vom Chor die schwarze Madonna *Notre-Dame-de-Bon-Espoir,* eine der ältesten Holzmadonnen Frankreichs, entstanden um 1100. *Rue de la Préfecture, hinter dem Palais des Ducs*

Église Saint-Michel

Sie zählt zu den drei sehenswerten Kirchen von Dijon; begonnen Ende des 15. Jhs., geweiht 1529, wurde sie im gotischen Flamboyantstil erbaut. Die Fassade zeigt dagegen eine Dekoration in reinen Renaissanceformen; das Tympanon stammt von Nicolas de la Cour. Schön ist das hohe gotische Schiff. *Rue Vaillant/ rue Buffon*

Palais des Ducs de Bourgogne

Von dem alten Herzogspalast des 14. und 15. Jhs. sind nur zwei Türme, der Saal der Wache, Küche und Gewölbesäle des Untergeschosses erhalten. Umbau und Erweiterung im 17. Jh. basieren auf Plänen des Architekten von Versailles, Jules Hardouin-Mansart. Den rechten Teil des Herzogspalasts nimmt das *Musée des Beaux Arts* mit den Herzogsgräbern ein; im linken Teil ist das Rathaus untergebracht. *Place de la Libération*

Place François-Rude

Besonders an Markttagen einer der belebtesten Plätze von Dijon und Spiegelbild der jugendlichen Lebensfreude, umgeben von historischen Gemäuern. In den Straßencafés versammelt sich an warmen Tagen – und Abenden – alles, was in der Stadt nicht unbedingt einen Rang, dafür aber einen Namen hat. Eine der besten Gelegenheiten, um Kontakte zu knüpfen.

Place de la Libération

Der elegante, halbkreisförmige Platz (1686–1701) wurde ebenfalls nach Plänen von Jules Hardouin-Mansart gestaltet. Er bildet gleichsam den Mittelpunkt von Dijon: der harmonische Halbkreis der Arkaden, denen die monumentale Fassade des Herzogspalasts und der Burgunder Stände – auch diese entworfen von Jules Hardouin-Mansart – gegenüberliegt. Einen Logenplatz bietet hier das Nobelrestaurant *Le Pré aux Clercs,* sei es bei einer Erfrischung auf der Sommerterrasse oder einem Gourmetmenu.

Rue des Forges

Diese Straße war vom Mittelalter bis ins 18. Jh. die Hauptstraße von Dijon. Zu den schönsten alten Häusern zählen das gotische *Hôtel Chambellan* (15. Jh.) mit Innenhof, Emporen und Wendeltreppe; die *Maison Milsand* mit Renaissancefassade und das *Hôtel Aubriot* (Nr. 40), das im 13. Jh. für einen der ersten Bankiers von Dijon erbaut wurde.

MUSEEN

Musée Archéologique

Das archäologische Museum im ehemaligen Benediktinerkloster *Saint-Bénigne* besitzt neben prähistorischen Funden schöne romanische und gotische Figuren sowie ein Exvoto des alten Heiligtums bei der

Löwen und Engel bewachen die Herzogsgräber im Musée des Beaux Arts

Seine-Quelle. *5, rue du Docteur-Maret, im Sommer tgl. außer Di 9–18 Uhr, im Winter tgl. außer Mo 9–12 und 14–18 Uhr*

Musée des Beaux Arts
Größter Schatz des Museums sind die ★ Herzogsgräber in der *Salle des Gardes*. Die prunkvollen Sarkophage mit den Figuren der Herzöge Philipp der Kühne und Johann Ohnefurcht wurden zwischen 1385 und 1410 von Jean de Marville, Claus Sluter und Claus de Werve geschaffen. Unter den Arkadenbögen des Grabmals von Philipp dem Kühnen steht der ergreifende Trauerzug der *Pleurants*, 40 Mönche und Männer des herzoglichen Gefolges. Ursprünglich befanden sich die Grabmäler in der Kartause von Champmol. Das Grabmal von Johann Ohnefurcht und Margarete von Bayern stammt von Jean de la Huerta und Antoine Le Moiture (1443–70). Beachtenswert sind auch die beiden herrlichen Schnitzaltäre, Auftragsarbeiten von Philipp dem Kühnen, die ebenfalls aus der Kartause von Champmol stammen. In den anderen Sälen des Museums hängen bedeutende Gemälde europäischer Meister des 14. bis 19. Jhs. *Palais des Ducs, place de la Sainte-Chapelle, Mai–Okt. tgl. außer Di 9.30–18 Uhr, im Winter 10–17 Uhr*

Musée National Magnin
In einem schönen Bürgerhaus des 17. Jhs. sind ausgezeichnete Gemäldesammlungen mit flämischer, italienischer und französischer Malerei des 16.–19. Jhs. untergebracht. Die Wohnkultur des 19. Jhs. spiegeln komplett möblierte Räume wider. *4, rue des Bons-Enfants, tgl. außer Mo 10–12 und 14–18 Uhr*

Musée de la Vie Bourguignonne
Die interessanten Sammlungen des in einem alten Kloster untergebrachten Museums sind der burgundischen Kulturgeschichte gewidmet. Eine neuere Attraktion sind zehn Geschäfte mit ihren historischen Einrichtungen, wie Krämer, Bäcker, Apotheke, Frisör oder Pelzladen. *15, rue Sainte-Anne, tgl. außer Di 9–12 und 14–18 Uhr, Hochsaison 9–18 Uhr*

ESSEN & TRINKEN

Le Cézanne Insider Tipp
In dem gemütlichen Restaurant mitten in der Altstadt verwöhnt der junge, talentierte Chef David Ardoint mit südlich inspirierter Küche. *38, rue Amiral Roussin, tgl. außer Mo mittags und So, Tel. 03 80 58 91 92,* €–€€€

Ma Bourgogne
So viele Stammgäste können sich nicht irren. Und der Name bleibt Programm des Familienbetriebs. Will heißen: Hier regieren klassisch burgundische Gerichte. *1, bd. Paul Doumer, tgl. außer So abends und Sa, Tel. 03 80 65 48 06,* €–€€

Le Pré aux Clercs
Dieses Haus ist eine der Top-Feinschmeckeradressen von Burgund. Meisterkoch Jean-Pierre Billoux versteht es wie kaum ein anderer, burgundische Kochtradition mit kulinarischer Raffinesse zu verknüpfen. Dass dabei nur Produkte allererster Wahl zum Einsatz kommen, ist auf diesem Niveau selbstverständlich. Reservierung unbedingt empfohlen. *13, place de la Libération, tgl. außer So abends und Mo, Tel. 03 80 38 05 05,* €€€

Stephane Derbord
Der junge Meisterkoch hat mit einer phantasievollen, originellen Küche seinen Stern verdient. *10, place Wilson, tgl. geöffnet, Tel. 03 80 67 74 64, www.restaurantstephanederbord.fr,* €–€€€

EINKAUFEN

Burgundische Spezialitäten von Aperitifs über Gewürzbrot, Liköre und Weine bis Honig aus dem Morvan und vieles mehr finden Sie in den gut sortierten Geschäften von *Mulot et Petitjean: 13, place Bossuet, 1, place Notre Dame,* und *16, rue Liberté.* Ebenso burgundische Spezialitäten, aber auch eine gute Auswahl an Weinen – mit Weinprobe – bietet *Caves de l'Espace Grevin, 13 B, av. Albert 1er.*

ÜBERNACHTEN

Hostellerie du Chapeau Rouge
Dieses Hotel zählt zu den erstklassigen Häusern mit einem Spitzenrestaurant. *30 Zi., 5, rue Michelet, Tel. 03 80 30 28 10, Fax 03 80 30 50 88, www.bourgogne.net/chapeaurouge, chapeau.rouge@bourgogne.net,* €€€

Le Jacquemart
Zentral in malerischer Altstadtstraße gelegen, anheimelnde Atmosphäre in einem Haus aus dem 17. Jh. Kein Restaurant. *30 Zi., 32, rue Verrerie, Tel. 03 80 60 09 60, Fax 03 80 60 09 69,* €–€€

Lamartine le Confort
Kleines, einfaches, aber gemütliches Hotel im Zentrum. *14 Zi., 12, rue Jules Mercier, Tel. 03 80 30 37 47, Fax 03 80 30 03 43,* €

AM ABEND

Die beliebte *Diskothek Le Privé* besitzt gleich zwei Clubs: Im *Le Privé* gibts eine Lasershow mit Turbosound, im *Le Dixi's* regieren Ambiente und Musik der 1960er- bis 80er-Jahre. *20, av. Garibaldi*

FREIZEIT & SPORT

Eine Erfrischung gefällig? Dann fahren Sie zum *Lac Kir* mit Badestrand und Bootsverleih. Dort gibt es auch Tennis-, Volleyball- und Angelmöglichkeiten *(Parc de la Combe à la Serpent* im Stadtteil *Fontaine d'Ouche).* Fahrräder für Touren in die Umgebung vermietet *Eurobike, 4, rue du Faubourg-Raines, Tel. 03 80 45 32 32, www.eurobike.fr.*

AUSKUNFT

Office de Tourisme
Pavillon du Tourisme, place Darcy, Tel. 03 80 44 11 44, Fax 03 80 42 18 83, www.ot-dijon.fr, info@dijon-tourism.com

ZIELE IN DER UMGEBUNG

Abbaye de Fontenay **[110 A4]**
★ Eine der größten burgundischen Sehenswürdigkeiten ist das 1118 von Bernhard von Clairvaux gegründete Zisterzienserkloster rund 85 km nordwestlich von Dijon in einem idyllischen Tal. Fontenay überstand im Gegensatz zu anderen Klöstern die Zerstörungen während der Französischen Revolution fast unbeschadet, da man es als eine Papierfabrik nutzte. 1906 wurde die Abtei in ihren ursprünglichen Zustand zurückverwandelt und

Abbaye de Fontenay: Statt Stille herrscht leider meist Touristengedrängel

steht heute auf der Unesco-Liste des Weltkulturerbes. Die Anlage beeindruckt durch ihre Geschlossenheit; man hat Fontenay als Protest gegen die Verweltlichung und als totale Architektur bezeichnet. Die schlichte, 1149 geweihte Pfeilerbasilika ist die älteste erhaltene Zisterzienserkirche Frankreichs. Der herrliche Kreuzgang ist ebenfalls noch original. *Führungen tgl. 10–12 und 14–17 Uhr*

Alise-Sainte-Reine **[110 A5]**

Das Städtchen (700 Ew.), 75 km nordwestlich von Dijon, liegt am Hang des 407 m hohen Mont Auxois. Auf dem Berg verschanzte sich 52 v. Chr. der Gallierfürst Vercingetorix, belagert von Cäsar. Mit der Niederlage der Gallier und der Gefangennahme von Vercingetorix wurde Gallien endgültig römische Provinz. Auf dem Berg erhebt sich die Monumentalstatue des Gallierfürsten von 1865. Ausgrabungen erbrachten den Beweis der Schlacht und legten Reste des galloromanischen Städtchens Alesia mit Forum, Theater und Handwerkerviertel frei.

Im heutigen Ort liegt die *Fontaine Sainte-Reine,* benannt nach einer christlichen Gallierin, die sich weigerte, Gemahlin des römischen Gouverneurs Olibrius zu werden und darauf enthauptet wurde. *Musée d'Alesia, rue de l'Hôpital und Ausgrabungen im Sommer tgl. 9–19 Uhr, im Winter 10–18 Uhr*

Auxonne **[115 D1]**

Die kleine Stadt (7800 Ew.) in der Saône-Ebene, 35 km südöstlich von Dijon, erinnert mit einem *Musée Bonaparte* an den Aufenthalt des jungen Napoleon, der hier 1788–91 als Leutnant in Garnison lag. *Mai–Mitte Okt. tgl. außer Do 10–12 und 15–18 Uhr*

Château de Bourbilly [109 F5]
Sehenswertes Schloss in schönem Park (ca. 60 km von Dijon und 9 km südwestlich von Semur-en-Auxois), das die Erinnerung an Madame de Sévigné, die berühmte Briefschreiberin und aristokratische Klatschbase, bewahrt. Zu besichtigen sind die *Salle des Gardes* in der Krypta der Schlosskapelle, die Bibliothek und der *Grand Salon. Juli–Mitte Sept. tgl. außer Di 10–12 und 15–18 Uhr*

Château de Bussy-Rabutin [110 A5]
★ Graf Roger de Rabutin (1618–93) wurde durch die »Amouröse Geschichte Galliens« berühmt, in der er die Sitten am Hof des Sonnenkönigs Ludwig XIV. schilderte. Die Veröffentlichung der Aufzeichnungen brachte ihm lebenslange Verbannung vom Hof ein. Das Exil verbrachte Bussy-Rabutin in seinem Schloss rund 50 km nordwestlich von Dijon. Sehr eigenwillig ist die Innenausstattung: »Saal der Sinnsprüche« mit allegorischen Bildern, Galerie der »schönsten Frauen seiner Zeit«, Ansichten von Schlössern und Porträts. Die Gartenanlage wird André Le Nôtre zugeschrieben. *Führungen April–Sept. tgl. 9.30–12.30 und 14–18 Uhr, Nebensaison tgl. außer Di 10–12 und 14–16 Uhr*

Château de Commarin [110 B6]
Schönes Schloss in einem Dorf 28 km westlich von Dijon. Im linken Flügel sind altes Mobiliar und schöne Wandteppiche aus dem 16. Jh. erhalten. In der Kapelle eine Madonna aus dem 15. Jh. *Führungen April–Okt. tgl. außer Di 10–12 und 14–18 Uhr*

Château d'Epoisses [109 F5]
In merowingischer Zeit königliche Residenz, wurde das Schloss später zur Fluchtburg umgebaut. Die heutige hufeisenförmige Anlage (ca. 60 km von Dijon und 12 km westlich von Semur-en-Auxois) stammt aus dem 14., 16. und 17. Jh. Die Familie de Guitaut, Besitzer des Schlosses seit dem 17. Jh., hat zahlreiche Erinnerungen an bekannte Personen bewahrt, die auf ihrem Schloss weilten. In der *Chambre du Roi* nächtigte einst Heinrich IV. und in der *Chambre de Madame de Sévigné* war die berühmte Literatin oft zu Gast. Schönes Louis-XIV-Mobiliar im *Grand Salon*. Im Vestibül und im *Salon des Tableaux* Porträts des 16.–18. Jhs. *Juli–Aug. tgl. außer Di 10–12 und 15–18 Uhr*

An der Place du Champ de Foire in der Dorfmitte verkauft die *Fromagerie Berthaud* ihren berühmten Époisses-Käse direkt. Lassen Sie sich diese kraftvolle Köstlichkeit auf keinen Fall entgehen. Und transportieren Sie ihn im Auto tunlichst mit offenem Fenster! Insider Tipp

Châteauneuf-en-Auxois [114 B1]
★ Das malerische Dorf mit seinen Gassen und den zahlreichen stattlichen Häuser aus dem 14.–17. Jh., die von reichen Kaufleuten aus Dijon erbaut wurden, liegt prächtig auf der Höhe über dem *Canal de Bourgogne*, 45 km westlich von Dijon. Alles überragt trutzig ein wehrhaftes Schloss aus dem 15. Jh. *Führungen Mai–Sept. tgl. stdl. 9.30–12.30 und 14–18 Uhr, Okt. bis April außer Di und Mi stdl. 10–12 und 14–16 Uhr*

3 km von Châteauneuf in *Vandenesse-en-Auxois* können Sie im *Hotelschiff Lady A* auf dem Insider Tipp

Wasser übernachten. Das Frühstück auf der Brücke mit Postkartenaussicht ist ein Genuss. *Port du Canal, Tel. 03 80 49 26 96, Fax 03 80 49 27 00, €*

Châtillon-sur-Seine **[110 B3]**
Das Städtchen (7900 Ew.) am Oberlauf der Seine, 85 km nordwestlich von Dijon, besitzt mit dem »Schatz von Vix« eine besondere Kostbarkeit. Es handelt sich um eine 1,64 m hohe und 208 kg schwere Bronzevase, die man 1953 bei Vix, nahe Châtillon, in einem Grab einer keltischen Fürstin aus dem 6. Jh. v. Chr. fand. Die reich mit Figurenfries und Henkeln in Form mächtiger Gorgonenhäupter geschmückte Vase ist das größte erhaltene Gefäß aus der Antike, zu sehen im *Musée du Châtillonais. April–Mitte Sept. tgl. außer Di 10–18 Uhr, Mitte Sept.–März 9.30 bis 12 und 14–17 Uhr*

Flavigny-sur-Ozerain **[110 A5]**
Der im Mittelalter bedeutende, heute wie ausgestorbene Ort (430 Ew.) liegt rund 48 km nordwestlich von Dijon erhöht auf einem Felsen. Erhalten sind Reste der Stadtmauer, Wehrtore und alte Bürgerhäuser. Im 8. Jh. gründeten die Benediktiner ein Kloster; im 18. Jh. wurden einige Klostergebäude rekonstruiert, in denen heute Anisbonbons produziert werden. Sehr schön ist die *Crypte Sainte-Reine* von 758, eine zweigeschossige Krypta der ehemaligen karolingischen Basilika Saint-Pierre. *Tgl. 8.30–11.30 und 14–17 Uhr*

Montbard **[110 A4]**
In Montbard (8000 Ew.) nahe Fontenay wurde 1707 Georges-Louis Leclerc de Buffon geboren, der berühmte Verfasser einer Naturgeschichte in 40 Bänden. Im *Parc Buffon* am nordwestlichen Stadtrand

In reizvoller Natur am Canal de Bourgogne gelegen: Châteauneuf-en-Auxois

erinnern Sammlungen in der *Tour St-Louis* und ein *Pavillon* an den Naturwissenschaftler *(Führungen April–Sept. tgl. außer Di)*. 7 km nordwestlich betrieb Buffon die Insider Tipp *Forge de Buffon,* ein berühmtes Schmiedewerk *(April–Ende Sept. tgl. außer Di 10–12 und 14.30–18 Uhr, sonst auf Anfrage Tel. 03 80 92 10 35)*. Hotel in Fain-lès-Montbard, 6 km auf der N 905: *Château de Malaisy,* hervorragend ausgestattetes Hotel in einem Schloss aus dem 17. Jh. mit Schwimmbad, Sauna und Sporthalle in einem 150 000 m² großen Park. *24 Zi., Tel. 03 80 89 46 54, Fax 03 80 92 30 16,* €€–€€€

Pouilly-en-Auxois **[110 A6]**
Unter dem Städtchen (1500 Ew.) 45 km westlich von Dijon entstand für den *Canal de Bourgogne* ein 3333 m langer Tunnel, durch den die Lastkähne mit einer Kette gezogen wurden. Schöne Kirche *Notre-Dame Trouvée* aus dem 13. Jh. Der Name bezieht sich auf eine alte Marienstatue, die 1981 gestohlen und auf wundersame Weise wiedergefunden wurde.

5 km nördlich liegt das befestigte *Château d'Éguilly* mit Türmen und einem Tor, die noch aus dem 13. Jh. stammen. Im Innern finden Ausstellungen statt. *Ostern–Okt. tgl. 10–12 und 14–18 Uhr*

Saint-Thibault **[110 A5]**
Malerische Kirchenruine aus dem 13. Jh. an der D 70, ca. 60 km westlich von Dijon bei Vitteaux. Erhalten ist der trotz fehlender äußerer Strebebögen sehr hohe und lichtdurchflutete Chor. Das Hauptschiff, im 18. Jh. errichtet, schützt Wertvolles aus dem 14. Jh.: Schnitzaltar, Holzskulpturen, eine Muttergottes und ein großes Kruzifix.

Saulieu **[109 F6]**
Die lebhafte und hübsche Stadt (3200 Ew.) am Ostrand des Naturschutzgebiets Morvan ist bekannt für ihren Markt, die *Fête du Charolais,* und für die Dreisterne-Schlemmeradresse ★ *Le Relais Bernard Loiseau.* Nach dem Selbstmord des berühmten Kochs Bernard Loiseau führt seine Gattin Dominique das Unternehmen, zu dem auch Restaurants in Paris zählen, im Geiste

Unter Dampf

Mit dem Bummelzug durchs Tal des Ouche

Gönnen Sie sich einen nostalgischen Trip im verwunschenen Tal des Ouche rund 40 km südwestlich von Dijon. Vom alten Bahnhof in Bligny-sur-Ouche startet der *Petit Train Touristique* mit seiner schmucken Veteranenlok und den luftigen Waggons zu einer Reise, bei der Tempo kein Thema ist. Wenn möglich, dann kommen Sie an einem Sonn- oder Feiertag, wenn der Ausflug unter Dampf stattfindet (Mai bis September). Im Juli und August ist in der Woche auch eine Diesellok im Einsatz. *Preis 5–6 Euro, Info und Reservierung Tel. 03 80 22 86 35*

ihres Mannes weiter. Dies bedeutet: absolutes Topniveau mit einfachen Zubereitungen, die den Charakter der Zutaten meisterlich erhalten. *Hotel-Restaurant, 21 Zi., 2, rue Argentine, kein Ruhetag, Tel. 03 80 90 53 53, Fax 03 80 64 08 92, www.bernard-loiseau.com,* €€€

Von Bedeutung ist die romanische Basilika *Saint-Andoche* (Anfang 12. Jh.), die allerdings im Lauf der Jahrhunderte stark beschädigt wurde. Besonders schön sind die historischen Szenen der Kapitelle und das kunstvoll geschnitzte Gestühl (14. Jh.). Bei der Basilika liegt das kleine *Musée François Pompon* mit galloromanischen Stelen sowie Sammlungen zu alten Handwerksberufen in Burgund. *Tgl. außer Di 10–12.30 und 14–18 Uhr*

Das *Hôtel de la Poste* befindet sich in einer ehemaligen Poststation aus dem 17. Jh., 38 Zimmer mit Bad, TV und Minibar. Empfehlenswert auch das Restaurant in einem schönen Saal im Belle-Epoque-Stil. *Rue Grillot, Tel. 03 80 64 05 67, Fax 03 80 64 10 82, www.hotel-de-la-poste.fr,* €€–€€€

Rund 10 km westlich von Saulieu liegt bei *Champeau-en-Morvan* das 60 000 m^2 große, von Quellen gespeiste Forellenrevier *Le Neptune.* Info: *Fédération de Côte d'Or pour la Pêche, Tel. 03 80 57 11 15*

Semur-en-Auxois **[110 A5]**

Die bildschön gelegene Hauptstadt (5300 Ew.) des Auxois, 63 km nordwestlich von Dijon, ist ein besonders angenehmes Standquartier in Nordburgund. Sie hat sich den Charakter eines befestigten mittelalterlichen Städtchens bewahrt. Die gotische Kirche *Notre-Dame* besitzt neben ihrer einprägsamen Fassade auch eine sehenswerte Ausstattung aus dem 15. und 16. Jh. Stattlich die *Tour de l'Orle d'Or,* Teil der alten Stadtbefestigung. Im ehemaligen *Convent des Jacobines* befindet sich ein kleines kultur- und naturgeschichtliches Museum. Vom Turm haben Sie einen schönen Ausblick auf die Stadt. *Führungen im Sommer tgl. 10–18 Uhr.* Auf der Stadtmauer ist eine von Linden beschattete Promenade angelegt; der Zugang liegt bei dem im früheren Gouverneurspalast untergebrachten Krankenhaus. Restaurant: *Gourmets, rue Varenne, Tel. 03 80 97 09 41, tgl. außer Mo und Di,* €–€€; Hotel: *Cymaises,* komfortabel ausgestattet in einem wunderschönen Haus aus dem 17. Jh. mitten in der historischen Altstadt. *18 Zi., 7, rue Renaudot, Tel. 03 80 97 21 44, Fax 03 80 97 18 23, hotel.cymaises@libertysurf.fr,* €–€€

Source de la Seine **[110 B5]**

Die Quelle der Seine liegt 35 km nordwestlich von Dijon nahe der N 71 nach Châtillon-sur-Seine in einem Tal. Sie entspringt in 471 m Höhe in einer Grotte mit der Statue der Göttin Sequana. In römischer Zeit stand nahe der Quelle ein Heiligtum. Die Opfergaben, rund 200 Einzelstücke, werden im Archäologischen Museum von Dijon aufbewahrt.

Talmay **[111 D6]**

Das schöne klassizistische Schloss, rund 40 km östlich von Dijon, besitzt eine prächtige Innenausstattung: Renaissancesäle mit Kassettendecken, historisches Mobiliar und eine Bibliothek. Weite Aussicht vom Turm (13. Jh.). *Führungen Juli–Sept. tgl. außer Mo 15–18 Uhr*

Krönung auf dem Berg

Seit dem Mittelalter ist Vézelay mit seiner Basilika Sainte-Madeleine ein großes Pilger- und Reiseziel

Eine besonders vielseitige und schöne Gegend Burgunds ist das Departement Yonne. Da locken klassische Ziele wie das romanische Wunder von Sainte-Madeleine in Vézelay, Auxerre mit seiner mächtigen Abteikirche, das romantische Städtchen Avallon oder Tonnerre mit seiner prächtigen Quelle.

Dabei erleben Sie ganz unterschiedliche Landschaften. Das Gebiet um Vézelay und Avallon schwingt mit harmonischen Hügeln Richtung Nordwesten, während von Süden die grünen Höhen des Morvan herandrängen. Von eigenem, stillem Reiz ist im Westen die Landschaft Puisaye, wo Sie an heißen Sommertagen wunderbar in einem der Teiche baden können.

Übrigens ist das Departement Yonne ideal für den Urlaub in der Natur, wobei Aktivitäten kaum Grenzen gesetzt sind, sei es Wandern, Kanufahren und Rafting auf den Flüssen Cure und Chalaux oder eine Radtour auf den Treidelpfaden des Canal du Nivernais von Clamecy bis Auxerre. Auf diesem Wasserweg können Sie auch per Hausboot oder Hotelschiff reisen.

Die Rue de l'Horologe mit Uhrenturm in Auxerre

Südlich von Avallon: grüne Höhen und erfrischende Seen

AUXERRE

Karte in der hinteren Umschlagklappe

[109 D3] Die Hauptstadt (40 000 Ew.) von Niederburgund bietet mit der Häuserfront am Ufer der breiten Yonne, überragt von der mächtigen Kathedrale Saint-Étienne, einen charakteristischen Anblick. Neben dieser hochkarätigen Sehenswürdigkeit nimmt Auxerre seine Besucher durch gut erhaltene, mittelalterliche Häuser und eine lebhafte Atmosphäre ein.

SEHENSWERTES

Abbaye Saint-Germain
Der Hauptbau der im 6. Jh. gegründeten Benediktinerabtei ist gotisch.

Geprägt durch die Yonne, eine lebhafte Altstadt und seine Kirchen: Auxerre

Darunter liegt die am Uferhang erbaute dreischiffige »Unterkirche«, Teil eines überreinander errichteten Komplexes von Krypten. Der größte Schatz der Kirche sind die dortigen *Fresken*. Entstanden im 9. Jh., zählen sie zu den ältesten in Frankreich. Angeschlossen an diese Gebäude sind verschiedene historische Museen. *Place St-Germain, Juni–Okt. tgl. 10–18 Uhr, Nov.–Mai tgl. 10–12 und 14–17.30 Uhr*

Cathédrale Saint-Étienne

Die Kathedrale wurde 1215 an der Stelle einer Vorgängerkirche (5. Jh.) begonnen, vollendet war sie aber erst 1560. Über dem Hauptportal ist das Jüngste Gericht mit Christus im Zentrum zu sehen. Das rechte Portal zeigt Szenen aus dem Leben Jesu und Johannes des Täufers, das linke Darstellungen des Marienlebens. Im Innern beeindruckt vor allem der hohe gotische Chor. Die herrlichen *Glasfenster*, geschaffen von Henri de Villeneuve 1234, bilden nach denen von Chartres und Bourges den besterhaltenen Zyklus jener Epoche. Von der Vorgängerkirche ist die schöne Krypta mit Fresken (1100) erhalten. *Place St-Étienne, April–Okt. tgl. 9–18 Uhr, Nov–März 9–17, So erst ab 14 Uhr*

MUSEEN

Musée d'Art et d'Histoire d'Auxerre

Im modern aufbereiteten Museum in den Klostergebäuden neben der Abbaye Saint-Germain sind prähistorische und galloromanische Funde zu sehen. Noch im Aufbau befindet sich auch eine mittelalterliche Abteilung. *Hauptsaison tgl. außer Di 10–18.30 Uhr, Nebensaison tgl. außer Di 10–12 und 14–18 Uhr*

Musée Leblanc-Duvernoy
Die guten Sammlungen von Fayencen und Wandteppichen des 18. Jhs. aus dem Beauvais und italienische und griechische Keramik. *9, rue d' Eglény, tgl. außer Di 14–18 Uhr*

ESSEN & TRINKEN

Le Jardin Gourmand
Gemütliches Restaurant mit ausgezeichneter Küche und Garten am Rande der Altstadt. Vieles kommt frisch aus dem eigenen Garten des Küchenchefs. Neben Heimischem verarbeitet die experimentierfreudige Küche aber auch Exotisches. *56, bd. Vauban, tgl. außer Di und Mi, Tel. 03 86 51 53 52,* **€€–€€€**

Jean-Luc Barnabet
Hier wird meisterlich gekocht. Elegantes Ein-Stern-Restaurant in attraktiver Uferlage an der Yonne mit Garten. Wer sich einmal das jahreszeitlich wechselnde *Menu Gourmet* gönnt, tritt eine Reise durch das Reich französischer Spitzenkochkunst an. *14, quai de la République, tgl. außer So abends sowie Mo und Di mittags, Tel. 03 86 51 68 88, www.jlbarnabet.com,* **€€–€€€**

ÜBERNACHTEN

Le Maxime
Bei der Kathedrale am Yonne-Ufer gelegenes, sehr komfortables Hotel. *26 Zi., 2, quai de la Marine, Tel. 03 86 52 14 19, Fax 03 86 52 21 70, www.auxerre.com,* **€€**

Seignelay Insider Tipp
Das komfortable Hotel *(Logis de France)* mit Restaurant liegt ruhig in der Altstadt. Mit Garten und Garage. *21 Zi., 2, rue du Pont, Tel. 03 86 52 03 48, Fax 03 86 52 32 39, www.leseignelay.com,* **€**

FREIZEIT & SPORT

Ein großes, modernes Schwimmbad befindet sich am Yonne-Ufer *(avenue Yver)* mit allem, was Kinderherzen höher schlagen lässt: Spielplatz, Innen- und Außenbecken, Wasserrutsche etc.

MARCO POLO Highlights »Yonne«

★ **Château de Saint-Fargeau**
Tolles Schloss und historische Kostüme (Seite 49)

★ **Druyes-les-Belles-Fontaines**
Burgruine, Quellen und romanische Kirche (Seite 50)

★ **Avallon**
Alte Hügelstadt mit viel Charme (Seite 51)

★ **Restaurant L'Espérance**
Zu Gast beim Karajan des Kochlöffels (Seite 54)

★ **Vallée du Cousin**
Talidylle für Romantiker (Seite 54)

★ **Sainte-Madeleine**
In Vézelay erwartet Sie ein Höhepunkt romanischer Kunst (Seite 54)

AUSKUNFT

Office du Tourisme
1–2, quai de la République, Tel. 03 86 52 06 19, Fax 03 86 51 23 27, www.ot-auxerre.fr, tourisme@auxerre.com

ZIELE IN DER UMGEBUNG

Arcy-sur-Cure **[109 E4]**
Die Grotten bei dem kleinen Ort 30 km südöstlich von Auxerre sind auf einer Länge von 900 m begehbar. *Führungen März–Nov. tgl. 9.30 bis 12.30 und 13.30–18 Uhr*

Chablis **[109 E3]**
Die kleine Stadt (2400 Ew.) 19 km östlich von Auxerre ist das Weinbauzentrum in Niederburgund. In 20 Gemeinden wird auf rund 14 km^2 von mehr als 700 Winzern der renommierte Weißwein Chablis erzeugt. Die besten Lagen gruppieren sich um den Ort, vor allem die Hänge des rechten Ufers der Serein liefern die *Chablis grands crus.* Hotel-Restaurant: *Hostellerie des Clos* im ehemaligen Kloster, das neben komfortablen Zimmern auch mit exzellenter Küche verwöhnt. *26 Zi., 18, rue Jules Rathier, Tel. 03 86 42 10 63, Fax 03 86 42 17 11, www.hostellerie-des-clos.fr,* **€€**, *Restaurant:* **€€–€€€**

Château Ancy-le-Franc **[109 F3]**
In Umfang und Ausstattung ist das Schloss (50 km östlich von Auxerre) den großen Schlössern der Ile-de-France ebenbürtig. 1546 wurde es nach einem Entwurf von Sebastiano Serlio für Antoine III de Clermont im Renaissancestil errichtet und von Künstlern aus der Schule von Fontainebleau ausgestattet, darunter Francesco Primaticcio und Niccolò dell'Abbate. 1999 erwarb ein amerikanischer Milliardär das Schloss und lässt es nun umfassend renovieren. Nur einige Räume sind mit

Weinprobe

Weinkauf ist Vertrauenssache!

Und das nicht erst, seitdem zwei der ehrbaren Winzer, die im Hospiz von Beaune ihren Wein versteigerten, für landesweites Aufsehen sorgten. Sie hatten das »vollmundig-fruchtige« Aroma ihrer Crus durch Beigabe schnöder Marmelade erzielt. Einige Tipps, um Enttäuschungen zu vermeiden: Erdnüsse oder Käse während der Verkostung machen auch den fadesten Tropfen zum Genuss! Wer so etwas anbietet, hat etwas zu verbergen. Wenn Sie zudem jedes Probeglas leer trinken, finden Sie nach kurzer Zeit alles köstlich. Erfahrene Weinkäufer benutzen bei der Probe immer die *crachoirs* (Spuckeimer). Manche Winzer – nicht nur in der Bourgogne – haben eine eigene Cuvée nur für die Verkostung. In den verkauften Flaschen mit demselben Etikett findet sich dann ein Wein gleicher Lage, aber minderer Qualität. Deshalb: Erst wenige Flaschen kaufen, eine probieren, dann nachkaufen.

Von einem Wassergraben umgeben: das Château de Tanlay

Führung zu besichtigen. *Ende März bis Mitte Nov. tgl. 10.30, 11.30, 14, 15, 16 Uhr, www.chateau-ancy.com*

Château de Ratilly **[108 C4]**

Mit seinen mächtigen Mauern und Rundtürmen bietet Ratilly den Anblick eines Bilderbuchschlosses. Die ältesten Teile gehen auf das 13. Jh. zurück. Der Donjon entstammt dem 17. Jh. Innen ist eine Töpferwerkstatt mit Ausstellung zu besichtigen. 50 km südwestlich von Auxerre. *Mitte Juni–Sept. Mo–Fr 10–18, Uhr, Okt.–Mitte Juni Mo–Fr 10–12 und 14–17, Sa und So 15 bis 18, Nebensaison 14–17 Uhr*

Château de Saint-Fargeau **[108 C4]**

★ Die mächtige fünfeckige Schlossanlage von Saint-Fargeau (1800 Ew.), 45 km westlich von Auxerre, wurde in der Renaissance anstelle einer Burg aus dem 10./11. Jh. errichtet. Der Hof und das Innere gestaltete François Le Vau im Auftrag der Kusine Ludwigs XIV., Anne-Marie-Louise d'Orléans – bekannt als *Grande Mademoiselle* –, die ab 1652 mehrere Jahre hier lebte. Mitte Juli bis August großes *Spectacle Historique* (Insider Tipp) mit 60 Reitern und 6000 Kostümen *(Fr und Sa 20 Uhr). April bis Mitte Nov. tgl. 10–12 und 14–18 Uhr, www.chateau-de-st-fargeau.com*

Château de Tanlay **[109 F3]**

Das herrliche Renaissanceschloss nahe Tonnerre wurde ab 1550 von François d'Andelot erbaut. In den Religionskriegen diente es den Hugenotten als geheimer Treffpunkt. 1642 ließ Michel Particelli, Surintendant des Finances, das Schloss prächtig ausbauen. 45 km östlich von Auxerre. *Führung obligatorisch April–Mitte Nov. Mi–Mo 9.30 bis 11.30 und 14.15–17.15 Uhr, www.chateaudetanlay.com*

Im alten Annex des Schlosses befindet sich das entzückende Restaurant *Le Bonheur Gourmand.* (Insider Tipp) Nur ein Menü, das jahreszeitlich wechselt, und nur zwanzig Gedecke mittags und abends. Reservierung dringend empfohlen. *Geöffnet wie das Schloss, Tel. 03 86 75 82 18, €*

Knapp 20 km nordwestlich kommen Sie über Cruzy-le-Châtel zur Ruine des *Château de Maulnes*. Das fünfeckige, labyrinthische Schloss, das offensichtlich nie bewohnt war, gilt mit seiner esoterischen Architektur, die sich auf erstaunliche Weise die Lichtstrahlen zu Nutze macht, als ein Rätsel der Renaissance. *Zzt. wegen Restaurierung nur von außen zu besichtigen*

Druyes-les-Belles-Fontaines **[109 D4]**

★ Den nach mehreren hier entspringenden Quellen benannten, malerischen Ort 33 km südlich von Auxerre überragt die imposante Burgruine des 12. Jhs., einst Sitz der Grafen von Auxerre und Nevers *(Führungen Juli–Aug. Sa 16, 17, 18 und So 16 Uhr)*. Schön ist auch die romanische Kirche *Saint-Romain*. Hotel-Restaurant: *Auberge des Sources*, wo man im Restaurant kaum an den in Chablis marinierten Weinbergschnecken vorbeikommt. *17 Zi., place Jean-Bertin, Tel. 03 86 41 55 14, Fax 03 86 41 90 31, www.auberge-des-sources.fr, €–€€*

Irancy **[109 E4]**

Kenner wussten es schon lange. Nach der Verleihung eines eigenen AOC-Labels im Jahr 2000 ist es nun auch amtlich: Die kräftigen und vollmundigen Weine von Irancy, 14 km südöstlich von Auxerre, lohnen den Weg. Zuerst sollte man sich trotzdem zum Aussichtspunkt im Osten mit Weinbergpanorama, Bilderbuchdorf und Blick auf das Yonne-Tal begeben. Dann warten rund 30 Winzer auf Ihren Besuch. Einer von Ihnen: *Thierry Richoux*. Fragen Sie ihn nach seinem *Palotte* und kosten Sie den hauseigenen *Ratafia*. *27, chemin Fossés, Tel. 03 86 42 37 49* Insider Tipp

Joigny **[109 D2]**

Die anheimelnde, kleine Stadt an der Yonne (10 000 Ew.), 28 km nördlich von Auxerre, hat neben alten Fachwerkhäusern zwei interessante spätgotische Kirchen: *Saint-Thibault* und die tonnengewölbte Basilika *Saint-Jean*. Im Norden, von der Côte Saint-Jacques aus, haben Sie einen herrlichen Blick auf den Ort und das Yonne-Tal. Zwei-Sterne-Hotel-Restaurant: *La Côte Saint-Jacques, 21 Zi., 14, faubourg de Paris, Tel. 03 86 62 09 70, Fax 03 86 91 49 70, €€€*

Noyers **[109 F4]** Insider Tipp

Die charmante, kleine Stadt (850 Ew.) im südlichen Weinbaugebiet von Chablis, 50 km südöstlich von Auxerre, besitzt noch alte Mauern mit 16 Rundtürmen. In den mittelalterlichen Gassen Fachwerkhäuser und Zugänge zu den Weinkellern. Eine sehenswerte Frührenaissancefassade besitzt die große *Église Notre-Dame*. *Chambres d'hôtes* in alter Mühle: *Michel und Monique Facq, Moulin de la Roche, 2 Zi., Tel. 03 86 82 68 13, Fax 03 86 82 84 12, facqarch@club-internet.fr, €€*

Pontigny **[109 E3]**

Die berühmte Zisterzienserabtei, 25 km nordöstlich von Auxerre, wurde 1114 als zweite »Tochter von Cîteaux« gegründet und beherbergt seit 1968 eine Berufsausbildungsstätte. Die zu besichtigende große Abteikirche wurde gemäß der Forderung des Ordens nach Klarheit und Schmucklosigkeit er-

AJ Auxerre

Mekka für Fußball-Fans

Seit Jahren zählt der burgundische Provinzclub zur Elite des französischen Fußballs und stellt trotz eines eher bescheidenen Budgets den großen Clubs des Landes in den Erstligaspielen ein Bein. Vater dieses Erfolgs: Guy Roux. Der Cheftrainer, Bonvivant und Nebenerwerbswinzer gilt als das größte Schlitzohr in der Profiliga. Und ist in Frankreich mindestens so bekannt wie der Staatspräsident. Der attraktive Angriffsfußball seiner Mannschaft macht jedes Heimspiel zu einem sehenswerten Spektakel.

baut. Dieser Raumeindruck blieb – trotz der späteren Einbauten – erhalten. Beachtenswert auch der Umgangschor mit Kapellenkranz von 1210. *Tgl. 9–19 Uhr, Nebensaison 10–17 Uhr, www.cister.net*

Saint-Sauveur-en-Puisaye **[108 C4]**
In dem stillen Ort, 60 km südwestlich von Auxerre, wurde 1873 die große Dame der französischen Literatur, Colette, geboren. Das *Musée Colette* im Schloss ist ihrem Leben und Werk gewidmet. *April–Okt. tgl. außer Di 10–18 Uhr*

Sens **[109 D1]**
Die alte Bischofsstadt (27 000 Ew.) liegt knapp 60 km von Auxerre entfernt in der äußersten nordwestlichen Ecke von Burgund. Die große Sehenswürdigkeit ist die Kathedrale *Saint-Étienne,* begonnen 1130, ein Hauptwerk der französischen Frühgotik und Vorbild für die Kathedralen von Canterbury und Genf. Berühmt ist auch der Kirchenschatz. Neben der Kathedrale liegt das große *Palais Synodal* mit den Museumssammlungen von Sens. *Tourist-Info: www.office-de-tourisme-sens.com*

Tonnerre **[109 F3]**
Das hübsche Städtchen (6200 Ew.) liegt im Tal des Armançon, 36 km östlich von Auxerre. Das mittelalterliche Armenspital *Ancien Hôpital* (1295) war Vorbild für das Hôtel-Dieu in Beaune. Der große Krankensaal mit prächtigem Dachgestühl dient seit 1650 als Pfarrkirche; er wurde im 18. Jh. auf 90 m verkürzt. In der angrenzenden Seitenkapelle eine lebensgroße marmorne Grablegung Christi (15. Jh.).

Am Hang nahe der Kirche Saint-Pierre liegt die schöne *Fosse Dionne,* ein kreisrunder artesischer Brunnen, der als Waschplatz diente. *Chambres d'hôtes* im Schloss, 3 km von Tonnerre: *Olivier und Cecile Refait, Château de Vaulicheres, 5 Zi., Tel. 03 86 55 02 74, Fax 03 86 55 37 57,* €€

Insider Tipp

AVALLON

[109 E5] ★ Die schön gelegene Hügelstadt (9000 Ew.) im Herzen von Burgund mit ihrer stimmungsvollen Altstadt ist als ruhiger Stützpunkt für Ausflüge in die Umgebung, vor allem nach Vézelay und in den *Parc Naturel du Morvan*, zu empfehlen. Auch bei einem kurzen Besuch hat die Stadt einiges Interessantes zu bieten: Alte Wachtürme, Bastionen und Bürgerhäuser erinnern daran, dass Avallon im Mittelalter einer der strategischen »Schlüssel« von Burgund war.

SEHENSWERTES

Église Saint-Lazare

Die in der Altstadt gelegene Kirche aus dem 12. Jh. besitzt zwei interessante Portale mit Motiven aus der Apokalypse, mit Engeln, Tierkreiszeichen und Pflanzen. Eigenartig ist, dass der Chor 3 m tiefer liegt als der Eingang, doch die alte Kirche war zu klein. Man verlegte bald nach der Einweihung die Fassade und gewann so 20 m dazu. Im südlichen Seitenschiff eine Figurengruppe mit Maria und der heiligen Anna (15. Jh.). *Rue Bocquillot*

Straßencafé in Avallon

Stadtmauer

Ältester Teil der Stadtbefestigung ist der *Beurdelaine*-Turm, 1404 von Herzog Johann Ohnefurcht erbaut, 1590 verstärkt. Lohnend ist ein Spaziergang auf der Mauer mit herrlichen Ausblicken.

Tour d'Horloge

Der Uhrturm aus dem 15. Jh. steht mitten in der Altstadt nahe der Kirche Saint-Lazare über der *Grande Rue Aristide Briand.* Dank der bevorzugten Aussichtslage diente er im Mittelalter als Wachtturm.

MUSEEN

Musée de l'Avallonnais

Das Stadtmuseum in der Altstadt besitzt neben archäologischen Funden aus der Umgebung Sammlungen über die galloromanische Epoche und die Merowingerzeit sowie eine kleine Gemäldesammlung. *Rue de la Collège, Mai–Okt. tgl. außer Di 14–18 Uhr*

Musée du Costume

Ansprechende Sammlung alter Trachten und Kleider in einem Bürgerhaus des 17./18. Jhs. *6, rue Belgrand, Mitte April–Sept. tgl. 10.30 bis 12.30 und 13.30–17.30 Uhr*

ESSEN & TRINKEN

Les Capucins

Gute burgundische Küche, gelegen zwischen Bahnhof und Altstadt. Auch Übernachtung möglich. *8 Zi., 6, av. Paul-Doumer, Nebensaison Di und Mi geschl., Tel. 03 86 34 06 52, €*

Le Gourmillon
Gutbürgerliche Küche zu günstigen Preisen. *8, rue de Lyon, tgl. außer So abends, Tel. 03 86 31 62 01, €*

ÜBERNACHTEN

Insider Tipp
Hostellerie du Moulin des Ruats
6 km außerhalb schön im Vallée du Cousin gelegenes, sehr komfortables Hotel mit bester Küche. In der ehemaligen Getreidemühle dreht sich noch das große Mühlrad. *Di–So abends und So auch mittags, Hotel ganzjährig geöffnet, 24 Zi., Vallée du Cousin, Tel. 03 86 34 97 00, Fax 03 86 31 65 47, www.moulin-des-ruats.com, €€–€€€*

Moulin des Templiers
Dank der Lage im Tal des Cousin 4 km vor Avallon sehr zu empfehlen. *14 Zi., Vallée du Cousin, Pontaubert, Tel. 03 86 34 10 80, Fax 03 86 34 03 05, www.hotel-moulin-des-templiers.com, €–€€*

AUSKUNFT

Office du Tourisme
6, rue Bocquillot, Tel. 03 86 34 14 19, Fax 03 86 34 28 29, www.avallonnais-tourisme.com, avallon.ot-si@wanadoo.fr

ZIELE IN DER UMGEBUNG

Lac de Pannesière-Chaumard [113 E1]
Der mit 5,2 km² größte Stausee im südöstlichen Morvan ist als Wassersportrevier weniger stark besucht, Sie können aber auch hier Angeln, Baden, Tretboote mieten, Windsurfen und Kanufahren. Das *Centre de Voile* liegt am Nordostrand des Sees nahe der Staumauer.

La Vieille Auberge ist ein hübsches kleines Hotel in der Gemeinde *Chaumard* am östlichen Seeufer. *9 Zi., Tel. 03 86 78 03 22, Fax 03 86 78 09 13, vieille.auberge@libertysurf.fr, €–€€*. Chalets vermietet *Société Redna, Le Village des Pêcheurs, Tel. 03 86 37 33 62, Info: Syndicat d'Initiative, Chaumard, Tel. 03 86 78 05 83.*

Lac des Settons [113 F1]
Man sieht dem von dichtem Wald umgebenen See nicht an, dass er künstlich aufgestaut wurde, um den Fluss Cure im 19. Jh. für die Flößerei schiffbar zu machen. Heute ist der 3,6 km² große See ein exzellentes Angel- und Wassersportparadies. Auf der Halbinsel *Branlasses* liegt das Sportzentrum *Pagode*, wo Windsurfen, Segeln, Kanu- und Kajakfahren sowie Wasserskilaufen angesagt sind. Auch *Montsauche-les-Settons* hat am Nordende des Sees mit der *Base Nautique des Settons (Tel. 03 86 84 51 98, Fax 03 86 84 56 70)* die entsprechenden Wassersportaktivitäten zu bieten. Auch gute Möglichkeiten für Mountainbiketouren und zum Wandern. *www.lacs-morvan.com*

Es gibt in Seenähe viele Campingplätze und mehrere kleine Hotels wie *Les Grillons, 13 Zi., Lac des Settons, Tel. 03 86 84 51 43, Fax 03 86 84 50 33, €€; De la Plage, 12 Zi., Lac des Settons, Tel. 03 86 84 53 78, Fax 03 86 84 53 10, €–€€; Ideal, 15 Zi., Montsauche, rue Henri Bachelin, Tel. 03 86 84 51 26, Fax 03 86 84 57 46, €–€€*

Montréal [109 F5] Insider Tipp
Kleiner mittelalterlicher Marktflecken (190 Ew.), 12 km nordöstlich von Avallon, auf der anderen

Seite der Autobahn Paris–Lyon. Mit seinen Wehrmauern, den alten Häusern, Kirche und Friedhof ist er so unverfälscht erhalten wie kaum ein anderer Ort in Burgund. In der schlichten Kirche (12. Jh.) prächtiges Chorgestühl aus geschnitzter Eiche (16. Jh.), ein herrlicher Altaraufsatz aus Alabaster (15. Jh.) und andere Schätze.

Quarré-les-Tombes **[109 E5]**
Der kleine Ferienort im nördlichen Morvan, 19 km von Avallon, hat seinen Namen von den zahlreichen Gräbern, die hier gefunden wurden. Um die Kirche sind die Reste von mehr als 1000 Steingräbern des 7.–10. Jhs. angehäuft; mehr als 100 Sarkophage sind noch erhalten. Man nimmt an, dass hier eine Sargherstellung im großen Stil angesiedelt war.

Saint-Père-sous-Vézelay **[109 E5]**
In dem kleinen Dorf lohnt die schöne gotische Kirche *Notre-Dame* einen Besuch. Sie wurde um 1200 begonnen und im 15. Jh. vollendet.

Am Ortsrand praktisch zu Füßen der Basilika von Vézelay ein weltlicher Wallfahrtsort: das Hotel-★ *Restaurant L'Espérance* von Marc Meneau, der als Koch in Feinschmeckerkreisen einen nahezu göttlichen Ruf genießt. Den muss man ihm mit bis zu 175 Euro pro Menü, ohne Getränke, auch stattlich bezahlen. Auch das kulinarische Paradies hat eben seinen Preis. *39 Zi., Tel. 03 86 33 39 10, Fax 03 86 33 26 15, www.marc-meneau.com, €€€*

Vallée du Cousin **[109 E–F 4–5]**
★ Das kleine Tal des Cousin, eines Nebenflusses der Cure, beginnt 5 km westlich von Avallon. Mit seinen idyllischen Ortschaften und hübsch gelegenen Hotels ist das in Granitstein gegrabene Miniaturtal ein überaus lohnendes Ausflugsziel.

Vézelay **[109 E5]**
Wallfahrtsort und Station am Jakobsweg der mittelalterlichen Pilgerroute nach Santiago de Compostela ist die 15 km westlich von Avallon gelegene Stadt (580 Ew.) seit knapp tausend Jahren. Mit der auf dem Berg erbauten Basilika ★ *Sainte-Madeleine* als Krönung bildet Vézelay ein Ensemble, das dem Mont-Saint-Michel in der Normandie kaum nachsteht. Bereits 860 entstand hier ein Benediktinerinnenkloster, dessen Gründer angeblich die Gebeine der hl. Magdalena aus der Provence nach Vézelay überführen ließ. Ab Mitte des 11. Jhs. kamen immer mehr Pilger, als sich die Kunde von Wundern am Grab der Heiligen verbreitete. Um dem Bevölkerungszuwachs gerecht zu werden – es lebten damals rund 10 000 Einwohner in Vézelay –, wurde 1096 mit dem Bau der Basilika *Sainte-Madeleine* begonnen. Am Ostersonntag, dem 31. März 1146, rief hier Bernhard von Clairvaux als Abgesandter des Papsts im Beisein des französischen Königs Ludwigs II. die Christenheit zum zweiten Kreuzzug auf.

Im späten Mittelalter und im Hundertjährigen Krieg verlor Vézelay an Bedeutung und verfiel. Die Basilika befand sich in einem desolaten Zustand, als Eugène Emmanuel Viollet-le-Duc 1840 mit Restaurierungsarbeiten begann. In alter Pracht zeigt sich auch heute noch die Fassade, die durch ihre reich geschmückten Portale beherrscht wird. Das Tympanon am Vorhallenportal gilt als ein Hauptwerk romanischer Bildhauerkunst: Christus, spendet den Aposteln zu seinen Seiten den Segen. Diese verkünden das Christentum an acht Völker, dargestellt durch kleine Figuren.

Das lichtdurchflutete, majestätische Hauptschiff mit einer Länge von 62 m wird von hohen Rundbögen überwölbt. Die hier mit 25 biblischen und heidnischen Szenen geschmückten Säulenkapitelle sind der absolute Höhepunkt der romanischen Kunst. Chor und Querschiff wurden Ende des 12. Jhs. abgerissen und 1215 im gotischen Stil neu erbaut. Während des ganzen Jahres finden in der Basilika Konzerte mit bedeutenden Künstlern statt. *Programm: Tel. 03 86 33 24 62, http://vezelay.cef.fr*

Insider Tipp

An der Hauptstraße zur Basilika liegt an der Place Guillon *La Maison du Visiteur*, das mit der Diavorführung »Schatten des Lichts« vortrefflich auf den Besuch einstimmt *(tgl. außer Di 9.30–16.30 Uhr)*. Vom baumbestandenen Aussichtsplatz hinter dem Chor können Sie weit ins Land blicken können.

Auch ein Bummel durch die Nebengassen vermittelt einen Eindruck von der besonderen Atmosphäre des Orts: Hinter der Kirche führt ein Weg am alten Friedhof vorbei zur *Tour des Ursulines*, der *Tour Rouge* und der *Porte Neuve*. Das Haus des aus dem nahen Clamecy gebürtigen, bedeutenden Schriftstellers und Humanisten Romain Rolland, der hier 1944 starb, soll Museum werden. Hotel-Restaurants: *Hôtel de la Poste et du Lion d'Or, 39 Zi., place du Champ de Foire, Tel. 03 86 33 21 23, Fax 03 86 32 30 92, €€–€€€; Le Compostelle, 18 Zi., place du Champ de Foire, Tel. 03 86 33 28 63, Fax 03 86 33 34 34, €€€*

Sakrale Verneigung: Opferkerzen in der Wallfahrtskirche Sainte-Madeleine

L'HERISSON
RUGBY

Ein unverfälschtes Stück Burgund

Im angemessenen Urlaubstempo auf einem Hausboot durch das Nivernais

Der Westen Burgunds – das Nivernais – erstreckt sich von den Ausläufern des Morvan bis zur Loire, die in einem weiten Bogen an Nevers und La Charité-sur-Loire vorbeizieht. Es ist eine stille, friedliche Landschaft mit viel saftiger Natur – im besten Sinne provinziell-urwüchsig.

Moderne Kunst in Château-Chinon

NEVERS

[112 C2] Die alte Herzogstadt (41 000 Ew.) liegt schön an der oberen Loire und ist mit ihren prächtigen Bauten aus einer glorreichen Vergangenheit einen Besuch wert. Ähnlich wie Dijon und die meisten französischen Städte vergleichbarer Größe ist Nevers jedoch alles andere als ein beschauliches Idyll, sondern lebhaft und dynamisch. Die berühmten Fayencen werden hier seit 1575 hergestellt, wobei man sich von den italienischen Vorbildern löste und einen eigenständigen Stil entwickelte. Nach der Blütezeit im 18. Jh. führen heute noch vier Fabriken die alte Tradition weiter.

Canal du Nivernais: eine der schönsten Wasserstraßen Burgunds

SEHENSWERTES

Cathédrale Saint-Cyr-et-Sainte-Julitte
Endlos lange zog sich der Bau der Kathedrale (11.–16. Jh.) hin, angelegt als eine in Frankreich seltene Doppelchoranlage, auf die auch der Doppelname hinweist. Besonders schön sind Krypta (11. Jh.) und Westchor mit einem Fresko aus dem 12. Jh. Die 1944 zerstörten Glasfenster wurden durch moderne Arbeiten u.a. von Jean-M. Alberola, und Claude Viallat ersetzt. *Rue du Cloître St-Cyr*

Couvent Saint-Gildard
Am nordwestlichen Stadtrand liegt das Kloster, in dem das Hirtenmädchen Bernadette Soubirous im Jahr 1866 Zuflucht suchte, nachdem sie

Fayencen: in Nevers eine Handwerkskunst mit Traditon

durch ihre Aufsehen erregenden Visionen in Lourdes keine Ruhe mehr fand. Nach Bernadettes Tod 1879 wurde Saint-Gildard zum Wallfahrtsort. Der Schrein der 1933 heilig Gesprochenen steht in der Kapelle, ein Museum dokumentiert ihr Leben. *34, rue St-Gildard, April–Okt. 7–12.30 und 13.30 bis 19.30 Uhr, Nov.–März 7.30–12 und 14–19 Uhr*

Église Sainte-Bernadette-du-Banlay

Der bunkerartige Bau im Norden der Stadt, erbaut 1966 von Claude Parent, ist der heiligen Bernadette geweiht. Durch schöne Buntglasfenster von Odette Ducarre wird der Raum stimmungsvoll erhellt.

Église Saint-Étienne

Diese harmonisch gestaltete Kirche der Romanik knüpft an die große Tradition von Cluny an. Beim Bau ab 1063 hatte der bedeutende Abt Hugo von Cluny mit seinen Mönchen entscheidend mitgewirkt. 1097 wurde die Kirche geweiht und blieb über die Jahrhunderte mit Ausnahme des Vierungsturms und der beiden Türme der Westfassade unversehrt erhalten. Für die Romanik neu war die Fensterzone unterhalb des Tonnengewölbes, welches auf starken Gurtbögen ruht, sodass das Innere hell erleuchtet wird. *Rue St-Étienne*

Fayencewerkstätten

★ Beim Besuch einer dieser vier traditionellen Werkstätten können Sie zusehen, wie Fayencen hergestellt werden und diese natürlich auch erstehen. *Faïence d'Art-Montagnon, 10, rue de la Porte du Croux, April–Okt. Mo–Sa 9–12 und 14–19 Uhr, Werkstatt jeden Do im Juli; Faïencerie d'Art Bernard, 88 bis, av. Colbert, tgl. außer So und Mo 10–12 und 14–19 Uhr, www.fayencerie-dart-de-nevers.com; Faïencerie Georges, 11, av. Colbert, Di–Sa 10–12 und 14–19 Uhr; Faience Bleu, 22, rue du 14 juillet, Mi–Sa 9.30–12 und 14–19 Uhr, Werkstattbesuch Tel. 03 86 59 07 65, www.faience-montagnon.fr*

Palais Ducal

Der Herzogspalast steht mitten in der Altstadt über der Loire. Er wurde 1475 von dem Grafen von Clamecy, einem Enkel Karls des Kühnen, beauftragt. Der Stil ist ursprünglich gotisch, doch prägen bereits die Einflüsse der Renaissance den Bau, vor allem mit der gut gegliederten und reich verzierten Südfassade. Im Treppenturm stellen moderne Halbreliefs Szenen aus dem Haus Cleve und des »Chevalier au Cygne« (Lohengrin) von dem Bildhauer Joufroy dar. *Place Ducal*

ESSEN & TRINKEN

La Botte de Nevers
Fast familiär ist das Ambiente dieses gemütlichen, mit Kamin und Stilmöbeln ausgestatteten Restaurants. Abends werden bei Kerzenlicht herrliche regionale Spezialitäten serviert. *Rue du Petit Château, tgl. außer Sa mittags, So abends und Mo, Tel. 03 86 61 16 93, €*

Grignote
Die Zutaten stammen vom Markt nebenan. Frisches dient als Basis für beste Qualität. Der junge Chef verwandelt es in traditionelle Gerichte ohne großes Chichi, dafür aber mit viel Geschmack. *7 bis, rue Ferdinand Gambon, tgl. außer So und Mo, Tel. 03 86 36 24 99, €–€€*

EINKAUFEN

Rund um die markante Stahlkonstruktion des *Marché Carnot* jeden Samstag großer Wochenmarkt. Viele lokale Produkte, darunter reichlich Käse. Ein weiters Markenzeichen von Nevers: die *négus*: Weichkaramellen im Zuckermantel, zu entdecken bei *Au Négus, 96, rue François Mitterand.*

ÜBERNACHTEN

De Clèves
Kleines, nettes Hotel im Zentrum. *15 Zi., 8, rue St-Didier, Tel. 03 86 61 15 87, Fax 03 86 57 13 80, €*

Diane
Sehr komfortabel, zentral und mit gutem Restaurant. *30 Zi., 38, rue du Midi, Tel. 03 86 57 28 10, Fax 03 86 59 45 08, €€–€€€*

Villa du Parc
Ruhige, beim *Parc Roger Salengro* in Altstadtnähe gelegene Villa mit komfortablen Zimmern und guten

MARCO POLO Highlights »Nièvre«

★ **Fayencewerkstätten**
Erleben Sie die Fayenceherstellung vor Ort (Seite 58)

★ **La Charité-sur-Loire**
Romanik pur in der Abteikirche (Seite 60)

★ **Canal du Nivernais**
Start für einen Bootsausflug auf dem Kanal ist Châtillon-en-Bazois (Seite 61)

★ **Musée d'Art et d'Histoire**
Im Museum von Clamecy wird die Geschichte der Holzflößerei erzählt (Seite 62)

★ **Pouilly-sur-Loire**
Weinprobe im Zentrum des Weinbaus (Seite 63)

★ **Saint-Parize-le-Châtel**
Berühmte Quellen und schöne Kapitelle (Seite 63)

Den besten Blick auf La Charité-sur-Loire haben Sie beim Pont de Pierre

Parkmöglichkeiten. *28 Zi., 16, rue de Lourdes, Tel. 03 86 61 09 48, Fax 03 86 57 85 17,* €–€€

AM ABEND

Im *Casino (23, av. Conti)* wird in der Woche von 10 bis 3 Uhr, am Wochenende bis 4 Uhr gespielt. Man trifft sich in den Diskos *Le Kit Kat (51, bv. Grand Pré des Bordes)* und *Le Zapping (rue des Charleville)*. Insider Tipp: Jazz- und Musikabende finden statt im *L'After Cocktailerie-Piano-Bar (quai de Mantoue), Café Charbon (10, rue Melle Bourgeois)* und *Le Bistro France (square de la Résistance)*.

AUSKUNFT

Office du Tourisme

Palais Ducal, rue Sabatier, Tel. 03 86 68 46 00, Fax 03 86 68 45 98, www.nevers-tourisme.com

ZIELE IN DER UMGEBUNG

La Charité-sur-Loire **[112 B–C1]**

★ Die Ansicht der 25 km nördlich von Nevers an der Loire gelegenen Stadt (6400 Ew.) wird von der alten Steinbrücke und der Silhouette der prächtigen Kirche *Notre-Dame* beherrscht. Die frühe cluniazensische Abteikirche *Sainte-Croix-Notre-Dame* wurde im 11. Jh. begonnen und 1107 von Papst Pascal II. geweiht. Sie war mit einer Länge von 122 m nach Cluny die zweitgrößte Kirche Frankreichs; rund 5000 Menschen fanden einmal in ihr Platz. Wie Cluny wurde sie in der Revolution allerdings weit gehend zerstört. Doch der Torso ist immer noch großartig und zählt zum Welterbe der Unesco. Im Norden der Kirche befinden sich Reste des einstigen Benediktinerklosters wie Pförtnerei, Priorwohnung und Kapitelsaal.

Im *Stadtmuseum* sind viele mittelalterliche Fundstücke von Ausgrabungen bei der Kirche zu sehen. Beachtlich auch die schöne Jugendstil- und Art-déco-Sammlung sowie Werke des Rodinschülers Alfredo Pina (1883–1966). *Sommer tgl. außer Di 10–12 und 15–18 Uhr.* Hotel-Restaurant: *Le Grand Monarque, 15 Zi., 33, quai Clémenceau, Tel. 03 86 70 21 73, Fax 03 86 69 62 32, www.le-grand-monarque.fr,* €€

Château-Chinon **[113 E2]**
Das Hauptstädtchen (2700 Ew.) des Morvan, 65 km östlich von Nevers, ist ein gut besuchter Standort für Ausflüge in die grüne Umgebung. Um sich einen Überblick zu verschaffen, sollten Sie auf den 609 m hohen Hügel *Calvaire* steigen. An der Stelle eines gallischen Oppidum, einer befestigten Siedlung und eines römischen Kastells sind drei Kreuze errichtet. Von hier oben bietet sich ein faszinierender Rundblick bis zu den Kuppen des 855 m hohen *Preneley* und 901 m hohen *Haut-Folin*. Inmitten der Stadt gegenüber dem Rathaus ist der moderne *Brunnen* von Jean Tinguely und Niki de St-Phalle ein farbenfroher Anziehungspunkt. Das *Musée du Costume* besitzt eine große Sammlung von Trachten, Webarbeiten und regionalgeschichtlichen Gegenständen.

Insider Tipp

Im *Musée du Septennat* sind die Staatsgeschenke ausgestellt, die François Mitterrand, ehemaliger Bürgermeister von Château-Chinon, während seiner Präsidentschaft erhielt. *Beide Museen April bis Sept. tgl. 10–13 und 14–18, Juli/Aug. bis 19 Uhr.* Hotel-Restaurant: *Lion d'Or, 7 Zi., 10, rue Fossés, Tel. 03 86 85 13 56, Fax 03 86 79 42 22,* €*;* weitere Hoteladressen unter *www.morvan.com/villages/chateau-chinon.htm*

Châtillon-en-Bazois **[113 D2]**
Der Ort (1200 Ew.) liegt 41 km östlich von Nevers hübsch am ★ *Canal du Nivernais*, dem schönsten der alten Kanäle von Burgund. Von hier aus können Sie Kanalfahrten von einer Stunde bis zu einem ganzen Tag machen.

In dem Dorf *Rouy*, 10 km westlich, steht eine sehenswerte romanische Kirche mit einem schönen gotischen Turm. *Chambres d'hôtes in einem Herrenhaus*, 5 km von Châtillon-en-Bazois: *Colette und André Lecault, Bouteille-Alluy, 5 Zi., Tel. 03 86 84 06 65, Fax 03 86 84 03 41, lecault.c@wanadoo.fr,* €€

Insider Tipp

Clamecy **[109 D5]**
Die alte Stadt (4800 Ew.) am Nordrand des Nivernais, 69 km nordöstlich von Nevers, liegt inmitten der Hügellandschaft, die vom Canal du Nivernais durchschnitten wird. In Clamecy wurde der Romancier Romain Rolland (1866–1944) geboren. Sein Geburtshaus steht in der nach ihm benannten Straße. Früher war Clamecy eine wichtige Station der Flößer aus dem Morvan, die die Hauptstadt Paris mit Holz versorgten. Die stattliche gotische Kirche *Saint-Martin* erhielt erst im 16. Jh. eine reich geschmückte Festfassade. Ihre Größe verdankt sie dem Umstand, dass Graf Wilhelm IV. von Nevers den Bischöfen von Bethlehem das *Hôpital de Panténor* in Clamecy als Zufluchtsort vermachte, wo sie über 500 Jahre lang bis zur Französischen Revolution blieben. Lohnenswert ist ein Bummel durch die pittoreske Altstadt.

★ Das *Musée d'Art et d'Histoire* im ehemaligen *Hôtel du Duc de Bellegarde* zeigt Gemälde der französischen und italienischen Schule (u. a. Joseph Vernet, Claude Lorrain und Eustache Le Sueur). Die Ausstellung zur Geschichte der Flößerei und die dem Dichter Romain Rolland gewidmeten Räume sind von ganz besonderem Interesse *(im Sommer tgl. außer So vormittags, Mo und Di 10–12 und 14–18 Uhr)*. Hotel-Restaurant: *Hostellerie de la Poste, 15 Zi., 9, place Emile-Zola, Tel. 03 86 27 01 55, Fax 03 86 27 05 99, www.hostelleriedelaposte.com, Hotel €, Restaurant €–€€*

Cosne-sur-Loire **[108 B5]**
Die Kleinstadt (11 000 Ew.) liegt 50 km nordwestlich von Nevers am rechten Ufer der Loire. Sehenswert ist die Kirche Saint-Agnan, die einst zu einer Cluniazenserabtei gehörte. Erhalten sind das romanische Portal und die Apsis.

Das *Musée de la Loire Moyenne* Insider Tipp besitzt interessante Sammlungen zum Leben am und mit dem Fluss, von der Fischerei über die Schifffahrt bis zum Handel. Beachtenswert ist auch die moderne Gemäldesammlung im 2. Stock; hier entdecken Sie u.a. Werke von Maurice Utrillo, Marc Chagall, Raoul Dufy. *Tgl. außer So vormittags und Di 10–12 und 14.30–18.30 Uhr.* Hotel-Restaurant: *Auberge du Vieux Relais* mit 11 Zimmern in einer ehemaligen Poststation aus dem 19. Jh. *11, rue Saint Agnan, Tel. 03 86 28 20 21, Fax 03 86 26 71 12, www.le-vieux-relais.fr, €€*

Im Hausboot durch Burgund

Zur Wahl stehen acht Kanäle und Flussstrecken

Entspannung total bei einem Reisetempo von maximal 4 km/h. So bleibt genügend Zeit, lang aufgestauten Stress abzubauen, während Wiesen mit Charolais-Rindern, Dörfer im Mittagsschlaf oder Schlösser und Burgen aus den Glanztagen der Großen Herzöge vorbeitreiben. Manchmal ist allerdings eine Schleuse im Weg. Auf den 174 km des *Canal du Nivernais* sind es allein 110 an der Zahl! Bewegung können Sie sich neben dem Betätigen der Schleusen auch mit Ausflügen per Rad oder zu Fuß verschaffen. Der Hausbootboom der letzten Jahre hat immer mehr Verleiher angelockt. Die Preise sind nach Bootsgröße und Jahreszeit gestaffelt, von 460 bis 3300 Euro. Ein Bootsführerschein ist nicht erforderlich. Hier einige Verleiher: *Hausbootferien Reinwald, Postfach 40 01 52, 51410 Bergisch Gladbach, Tel. 02207/9 68 80, Fax 9 68 85, www.hausboot-online.de; Bateaux de Bourgogne, quai de la République, 89000 Auxerre, Tel. 03 86 72 92 10, Fax 03 86 72 92 14, sla@tourisme-yonne.com; Locaboat Plaisance, Ludwigstraße 1, 79008 Freiburg, Tel. 0761/207 37 37, Fax 207 37 73, www.locaboat.de*

Decize **[113 D3]**
Das atmosphärische Städtchen (7500 Ew.) 34 km südöstlich von Nevers ist von Wasser umgeben: Hier treffen der *Canal Latéral à la Loire* und der *Canal du Nivernais* zusammen. Die Altstadt mit der romanischen Kirche *Saint-Aré* steht auf einer Insel in der Loire. Die Doppelkrypta der Kirche stammt bereits aus dem 7. Jh. und ist damit eine der wenigen merowingischen Krypten Frankreichs. Decize ist die Heimatstadt des Konventmitglieds Saint-Just (1767–94), der zusammen mit Robespierre gestürzt und der Guillotine überantwortet wurde.

Eine schöne Tour lässt sich von hier aus mit der *gabare* (einem alten Flussschiff) auf der Loire unternehmen. *Infos und Abfahrt beim Office de Tourisme*

Donzy **[108 C5]**
Rund 50 km nördlich von Nevers gelegenes Städtchen (1900 Ew.) mit gotischer Kirche und einigen hübschen alten Häusern. Empfehlenswert als Standort für Ausflüge zu den Dörfern und Schlössern der Umgebung. Hotel-Restaurant: *Grand Monarque, 11 Zi., bei der Kirche, Tel. 03 86 39 35 44, Fax 03 86 39 37 09,* **€–€€**

Pouilly-sur-Loire **[108 B5]**
★ Die Kleinstadt (1700 Ew.) knapp 30 km nordwestlich von Nevers ist ein berühmtes Zentrum des Weinbaus im Nivernais. Produziert wird der Pouilly Fuimé (Sauvignon blanc). Nicht zu verwechseln mit dem Pouilly-Fuissé (Chardonnay) aus der – gleichfalls zur Bourgogne zählenden – Region Mâcon mit den Gemeinden Pouilly, Fuissé und Solutré.

Neben den reichlich angebotenen *dégustations* bildet der *Pavillon du Milieu-de-Loire* den Hauptanziehungspunkt des Ortes am Loire-Kai. In teils interaktiven Ausstellungen erfahren Sie dort alles über Flora und Fauna am und im Fluss. *Im Hochsommer tgl. 10 bis 12.30 und 14–19 Uhr, Nebensaison Di geschl.*

Restaurant: *Le Coq Hardi.* Vom Speisesaal oder – bei gutem Wetter – von der Terrasse aus ein schöner Blick auf den Fluss im Hintergrund. Im Vordergrund auf dem Teller vielleicht ein Charolais-Steak mit Gänseleber und ein Cru aus der gut sortierten Weinkarte. *42, av. de la Tuilerie, im Juli und Aug. Mi geschl., Tel. 03 86 39 12 99,* **€€–€€€**

Saint-Parize-le-Châtel **[112 C2]**
★ Das hübsche Dorf 16 km südlich von Nevers besitzt eine hoch gelegene Kirche mit einer beachtenswerten Krypta aus dem 12. Jh. Interessant sind vor allem deren reich mit Figuren und Ornamenten verzierten Kapitelle. Die Mineralquellen sind seit 2000 Jahren bekannt und wurden besonders in galloromanischer Zeit – wie auch heute wieder – genutzt.

Unweit des Orts liegt die Motorsportstrecke *Circuit de Nevers-Magny-Cours,* auf dem das Training und der Grand Prix der Formel 1 stattfinden. Dort können auch Sie im Sportwagen mit Profi am Steuer die tolle Rennstrecke abfahren *(90 Euro, Tel. 03 86 21 80 00)* sowie auf dem Karting-Cours Gas geben *(April bis Okt. tgl., Tel. 03 86 21 26 18, Fax 03 86 58 04 95).* Infos zu Probeläufen, Festivals von Sportwagen und Rennen: *www.magnyf1.com* Insider Tipp

Unversehrte Zeugen der Romanik

Das mittelalterliche Autun, die Weinstadt Mâcon, der Pilgerort Paray-le-Monial und eine sanft gewellte Hügellandschaft

Die Landschaft des burgundischen Südens, das Departement Saône-et-Loire, ist eine friedvolle Region der grünen Hügel, des Weins, der ehrwürdigen Dorfkirchen und verwunschenen Schlösser. Zu diesem Gebiet gehört noch der südliche Teil des Morvan mit der nahen Stadt Autun. Vom Tourismus à la Côte d'Or ist hier nichts zu spüren. Stundenlang können Sie auf kleinen Nebenstraßen durch eine Landschaft rollen, in der die Zeit stillzustehen scheint. Während von der weltberühmten Abtei von Cluny nicht viel mehr als die geistige Ausstrahlung übrig geblieben ist, treffen Sie in Paray-le-Monial, Tournus, Autun und andernorts auf die unversehrten Zeugen der Romanik.

Lukullisches Markenzeichen Burgunds: Charolais-Rinder

AUTUN

Karte in der hinteren Umschlagklappe

[113 F2] Mit dem spitzen gotischen Turm der Kathedrale als Abschluss erhebt sich die 2000 Jahre alte Stadt (16 500 Ew.) aus der Ebene des Arroux-Tales. Mittelalterlich eng scharen sich die Häuser auf dem Hügel um die Kathedrale. Ein Teil der Stadt wird noch von der alten Mauer mit der klobigen *Tour des Ursulines* (12. Jh.) eingefasst. Bereits in gallischer Zeit lag hier die wichtigste und größte Stadt der Häduer, des neben den Arvernern mächtigsten Stammes Galliens. Nach der Eroberung durch Cäsar wurde die Stadt von dessen Neffen, dem späteren Kaiser Augustus, nach römischen Plänen neu erbaut und *Augustodunum* genannt.

Von den einst 62 Türmen und vier Toren sind aus römischer Zeit die *Porte d'Arroux* und *Porte Saint-André* sowie das Amphitheater und der Janustempel erhalten. Mit

Der achteckige romanische Turm der einstigen Abtei Cluny überragt noch immer die neueren Anbauten

Théâtre Romain: Vielerorts in Autun finden Sie Reste römischer Besiedlung

den romanischen Skulpturen der Kathedrale Saint-Lazare von der Hand des Meisters Gislebertus besitzt Autun einzigartige Kunstschätze von Weltrang.

SEHENSWERTES

Cathédrale Saint-Lazare

Die Kathedrale auf dem höchsten Punkt der Altstadt wurde 1120–46 erbaut. Sie ist eine besonders eindrucksvolle romanische Kirche im cluniazensischen Stil, wenn sie auch mehrere spätgotische Veränderungen wie den hohen Vierungsturm und die Maßwerkfenster erfuhr. Geweiht ist sie dem heiligen Lazarus, der nach der Legende mit seinen Schwestern nach Gallien kam, wo er seine Mission in Marseille begann und erster Bischof der Stadt wurde. Zwar ist unbekannt, wie seine Gebeine nach Autun fanden, doch schon bald pilgerten Leprakranke in Scharen zu dem Grab ihres Schutzheiligen Lazarus. Beim Umbau des Chors im 18. Jh. wurde der Schrein zerstört, an seiner Stelle steht heute der Hochaltar. Erhalten sind von dem Grabmal ein Christus am Kreuz und die Figuren der Martha, der Magdalena und des Andreas (im Musée Rolin).

Das wichtigste Kunstwerk ist der von dem anonymen Meister Gislebertus geschaffene Figurenschmuck im ★ *Tympanon* der Cathédrale Saint-Lazare mit der Darstellung des Jüngsten Gerichts (1135). Rechts neben Christus wiegt der Erzengel Michael die Seelen. Die Verdammten werden gleich von Teufeln in die Hölle gezogen, die Auserwählten dürfen auf die andere Seite ins Paradies.

Auch die *Kapitelle* im Innern der Kathedrale sind reich mit Figuren geschmückt; ein Großteil stammt ebenfalls von Gislebertus. In der dritten Kapelle links befindet sich ein berühmtes, von Jean-Auguste-Dominique Ingres 1843 gemaltes Bild, das den Märtyrertod des heiligen Symphorianus zeigt. Rechts vom Hochaltar liegt der *Kapitelsaal*, in dem prächtige, ursprünglich in der Vierung befindliche Kapitelle mit figürlichen Darstellungen wie der »Selbstmord des Judas« oder die »Flucht aus Ägypten« zu sehen sind. *Place St-Louis*

Porte d'Arroux

Einst Teil der römischen Stadtmauer, besteht die mit Arkaden und Pilastern geschmückte, fast 17 m hohe Porte d'Arroux aus zwei Durchfahrten für Wagen und zwei Portalen für Fußgänger. Beidseitig flankieren Türme das Tor. *Am nördlichen Stadtrand*

Porte Saint-André

Vom 1. Jh. an war das Tor die wichtigste Zufahrt zur Hauptstraße Richtung Osten, dem *Decumanus Maximus.* Neben dem Tor ist der untere Teil einer der Türme erhalten, der im Mittelalter in die Kapelle *Saint-André* umgebaut wurde. Im Innern gotische Fresken mit dem Arbeitszyklus der Monate.

Temple de Janus

Der Koloss von 24 m Höhe außerhalb der Stadt nordwestlich der Porte d'Arroux entstand im 1. Jh. n. Chr. Die Form des Baus geht auf gallische Vorbilder zurück. Das Erdgeschoss um die *cella,* den Kultraum, war von einer Galerie umgeben, was anhand der Löcher für die Deckenbalken noch erkennbar ist. Dass der Tempel einst dem Gott Janus geweiht war, hat sich als falsch herausgestellt.

Théâtre Romain

Im einst größten römischen Amphitheater Galliens konnten bis zu 12 000 Zuschauer auf den noch gut erhaltenen Steinstufen des weiten Halbrunds Platz nehmen.

MARCO POLO Highlights »Saône-et-Loire«

★ **Tympanon der Cathédrale Saint-Lazare**
Die Kunst von Meister Gislebertus (Seite 66)

★ **Oppidum Bibracte**
Reste der gallischen Stadt am Mont Beuvray (Seite 70)

★ **Cluny**
Beeindruckende Ruinen des einst größten Kirchenbaus der Christenheit (Seite 72)

★ **Solutré**
Treffpunkt der Steinzeitjäger (Seite 74)

★ **Basilique du Sacré-Cœur**
Abteikirche im cluniazensischen Stil in Paray-le-Monial (Seite 75)

★ **Saint-Philibert**
Imposante romanische Baukunst in Tournus (Seite 78)

★ **Chalon-sur-Saône**
Südlicher Charme und die Wiege der Fotografie (Seite 81)

★ **Château de Cormatin**
Schloss mit prunkvollen Gemächern (Seite 81)

MUSEEN

Musée Lapidaire

In der romanischen Kapelle Saint-Nicolas sind aus galloromanischer Zeit und dem Mittelalter eindrucksvolle Skulpturen (z. B. Grabstelen), Mosaike und architektonische Funde zu sehen. *10, rue Saint-Nicolas, nur für Gruppen nach Voranmeldung, Tel. 03 85 52 09 76*

Musée Rolin

Das bei der Kathedrale gelegene Museum im ehemaligen Palais des burgundischen Kanzlers Nicolas Rolin (15. Jh.) besitzt großartige Kunstschätze aus verschiedenen Epochen. Ein Besuchermagnet ist der aus der Cathédrale Saint-Lazare stammende Figurenschmuck mit der »Versuchung Evas« (12. Jh.) des Meisters Gislebertus. Ebenfalls herausragend ist das leider nur noch in Fragmenten erhaltene »Grab des heiligen Lazarus«, gestaltet von dem Mönchskünstler Martin. Im oberen Stockwerk des Museums befindet sich ein von Kanzler Rolin gestiftetes Gemälde der »Geburt Christi« (Ende des 15. Jhs.). Es wird Jean Hey, dem Meister von Moulins, zugeschrieben.

Eine andere Abteilung umfasst archäologische Funde aus dem alten *Augustodunum*, ergänzt durch eine Gemäldesammlung mit Werken französischer und flämischer Künstler. *5, rue des Bancs, April bis Sept. tgl. außer Di 9.30–12 und 13.30–18 Uhr, Okt.–März außer Di 10–12 und 14–16 Uhr (im Okt. bis 17 Uhr)*

ESSEN & TRINKEN

Le Chalet Bleu

Insider Tipp

Hinter der unscheinbaren Fassade eine der besten Küchen der Stadt zu sehr humanen Preisen. Aus den Markenzeichen der Region, Charolais-Rinder, Bresse-Hühner oder Schnecken zaubert man im Familienbetrieb eine traditionelle aber trotzdem abwechslungsreiche Speisekarte. *3, rue Jeannin, tgl. außer Mo abends und Di, Tel. 03 85 86 27 30,* €–€€

Châteaubriand

Und noch eine andere gute Adresse für Gourmets mit einem sehr kor-

Die liegende Eva

Das verführerischste Kunstwerk der Romanik

Die berühmte »Versuchung Evas« im Musée Rolin von Autun gilt als eines der sinnlichsten Bildwerke der romanischen Kunst. Zusammen mit dem verschollenen Adam zierte sie den Türsturz des Nordportals der Cathédrale Saint-Lazare. »Nirgends in der Romanik«, heißt es über sie, »ist der weibliche Körper mit derart realistisch schwingender Linienführung und so betörender Schönheit behandelt worden.« Fast glaubt man, die Worte hinter vorgehaltener Hand zu vernehmen, mit denen sie Adam den so schicksalshaften Apfel anpreist.

rekten Preis-Leistungs-Verhältnis. Hinter dem Theater gelegen. *14, rue Jeannin, tgl. außer So abends und Mo, Tel. 03 85 52 21 58, €–€€*

ÜBERNACHTEN

Hostellerie du Vieux Moulin
Zum komfortablen Hotel gehört ein gutes Restaurant. *16 Zi., Porte d'Arroux, Tel. 03 85 52 10 90, Fax 03 85 86 32 15, €€*

Hôtel des Ursulines
Stilvoll und sehr komfortabel, hübsch in der Altstadt nahe der Kathedrale gelegen. *43 Zi., 14, rue Rivault, Tel. 03 85 86 58 58, Fax 03 85 86 23 07, €€–€€€*

FREIZEIT & SPORT

Ein schöner 9-Loch-Golfplatz liegt am Stadtrand beim Kunstsee *Plan d'Eau du Vallon*. Hier finden sich auch eine Segelschule, Tennisplätze und ein Schwimmbad.

AM ABEND

Insider Tipp

Bei den *Visites Spectacles Nocturnes* können Sie in Begleitung von Schauspielern und Musikern das nächtliche, mittelalterliche Autun entdecken. Im Juli und August ab 22 Uhr, Startpunkt bei der Kathedrale Saint-Lazare. *Info beim Office de Tourisme*

AUSKUNFT

Office du Tourisme
3, av. Charles-de-Gaulle, Tel. 03 85 86 80 38, Fax 03 85 86 80 49, www.autun.com, office.autun@wanadoo.fr

ZIELE IN DER UMGEBUNG

Anost [113 F2]
Schön im südlichen Morvan, 25 km nordwestlich von Autun gelegener Ferienort (850 Ew.) und Ausgangspunkt für lange Wanderungen im Forêt d'Anost.

Insider Tipp

Château de Sully [114 A2]
Madame de Sévigné nannte das 15 km nördlich von Autun gelegene Renaissanceschloss »Fontainebleau de la Bourgogne«. In seiner imposanten Anlage ähnelt es mit den vier Flügeln, vier Türmen und dem Innenhof dem Schloss Ancy-le-Franc. Der von Wassergräben umschlossene Bau wurde im 16. Jh. von Jean de Saulx in Auftrag gegeben und ist heute im Besitz des Herzogs von Magenta, Nachkomme des hier geborenen Marschalls Mac-Mahon, der 1873–79 Präsident von Frankreich war. *Führungen Juni–Okt. tgl. 10.30–17.30 Uhr stündlich*

Le Creusot [114 A3]
Das »Ruhrgebiet« von Burgund besteht neben Le Creusot (26 000 Ew., 30 km südlich von Autun) aus den Orten *Montchanin* und *Montceau-les-Mines*. Eisen und Kohle werden hier schon seit dem Mittelalter abgebaut, im 17. Jh. kam mit der Industrialisierung der Aufschwung. Ab 1836 schufen die Gebrüder Schneider ihr Stahlimperium und bauten u. a. die erste französische Lokomotive. Die Entwicklung zum bedeutendsten Industriegebiet zwischen Paris und Lyon ist im *Musée de l'Homme et de l'Industrie* in der einstigen Residenz der Familie Schneider, *Château de la Verrerie*, eindrucks-

Die Welt der Kelten: Musée de la Civilisation Celtique auf dem Mont Beuvray

voll dargestellt. *Mitte Juni–Mitte Sept. Mo–Fr 10–19, Sa/So 14–19 Uhr, Mitte Sept.–Mitte Juni 10 bis 12.30 und 14–18, Sa/So 14–18 Uhr, www.creusot.net*

Croix de la Libération **[113 F2]**

Von dem 6 km südlich von Autun auf einer Anhöhe stehenden Kreuz (1945) bietet sich ein umfassender Blick über die Stadt bis zu den Höhen des Morvan.

Mont Beuvray **[113 E–F2]**

Auf dem Gipfel des 821 m hohen Bergs am Südrand des Morvan lag das 150–120 v. Chr. erbaute ★ *Oppidum Bibracte*, Hauptstadt der gallischen Häduer. Hier versammelten sich die Anführer der gallischen Stämme und ernannten Vercingetorix zum Anführer des Aufstands gegen die Römer unter Cäsar. Nach der Niederlage der Gallier wurde der Hauptort von den Römern eingenommen; geblieben sind vom Oppidum nur die Reste einer 5 km langen und 3–4 m breiten Mauer, weitere Ausgrabungen folgen. *ganzjährig zugänglich*

Die Welt der Kelten wird im hochmodernen *Musée de la Civilisation Celtique* lebendig. *Mitte März–Mitte Nov. tgl. 10–18 Uhr, Juli/Aug. bis 19 Uhr, www.bibracte.fr*

Signal d'Uchon **[113 F3]**

Der 681 m hohe Berg, rund 24 km südlich von Autun, bietet eine herrliche Aussicht. Am Hang des Bergs liegen verstreut mächtige Granitblöcke mit Namen wie *Le Carnaval, Griffe-du-Diable* oder *Pierre-qui-roule*, an die sich alte Legenden knüpfen. Das Dorf *Uchon* besitzt eine gotische Kirche mit beachtenswerten Statuen, das Oratorium des heiligen Sebastian und die spärlichen Reste einer Burg.

Insider Tipp

MÂCON

[114 B5–6] Die Hauptstadt von Südburgund ist nicht nur Geburtsort des romantischen Dichters Alphonse de Lamartine (1790–1869), sondern auch eine bedeutende

Weinstadt (45 000 Ew.). Der geschätzte Rote ist fruchtig, der Weiße besonders kraftvoll.

Mâcon entstand bereits in vorchristlicher Zeit als Handelsplatz am Ufer der Saône. Kommt man von Cluny, bietet die Stadt eine lange, südländisch anmutende Häuserfront mit der imposanten Brücke *Saint-Laurent* aus dem 14. Jh. Von der Kathedrale *Saint-Vincent* stehen nur Reste, doch in der Altstadt sind noch stattliche, von hohen Mauern umgebene Patrizierhäuser erhalten. Vor allem lockt die Umgebung, das Mâconnais, mit romanischen Kirchen und Dörfern.

SEHENSWERTES

Hôtel-Dieu

Einen Besuch lohnt die *Apothicairerie,* die Apotheke im Stil Ludwigs XV., mit einer schönen Sammlung von Holzvertäfelungen und Fayencen. *Rue du 11 Novembre 1918, Juni–Sept. Mi–So 14–19 Uhr, in der Nebensaison Anmeldung im Musée des Ursulines*

Vieux Saint-Vincent

Von der in der Revolution zerstörten Kathedrale sind als eindrucksvolle Ruine nur die romanische Vorhalle mit dem reich geschmückten Tympanon, zwei achteckige Türme und die sie verbindende Empore erhalten. *Rue de Strasbourg, im Sommer tgl. außer So vormittags und Mo 10–12 und 14–18 Uhr*

MUSEEN

Musée Lamartine

Verehrer des romantischen Dichters und Ministers, der 1790 in Mâcon geboren wurde, besuchen mit Gewinn das ihm gewidmete Museum im eleganten *Hôtel Senecé.* Neben Dokumenten zu seinem Leben und Schaffen sind Gemälde, Keramik und altes Mobiliar zu sehen. *41, rue Sigorgne, tgl. außer So vormittags und Mo 10–12 und 14–18 Uhr*

Musée des Ursulines

In den Räumen des Ursulinenklosters (17. Jh.) sind interessante prähistorische Funde von Solutré, Sammlungen zur Geschichte des Mâconnais, Gemälde von flämischen, französischen und zeitgenössischen Künstlern, darunter Charles Le Brun und Camille Corot, sowie Musikinstrumente aus Afrika untergebracht. Schöne Sammlung französischer und italienischer Keramik. *5, rue des Ursulines, tgl. außer So vormittags 10–12 und 14–18 Uhr*

ESSEN & TRINKEN

Le Poisson d'Or

Schön sitzen Sie bei schmackhaftem Essen auf der schattigen Terrasse am Saône-Ufer. *Allée du Parc, tgl. außer Di und Mi, Nebensaison tgl. außer So, Tel. 03 85 38 00 88,* €–€€

Au Rocher de Cancale

Im Restaurant am Saône-Ufer, nicht weit vom Pont St-Laurent gelegen, wird Ihnen eine gepflegte regionale Küche – darunter viele Fischspezialitäten – serviert. *393, quai Jean Jaurès, Nebensaison tgl. außer So abends und Mo, Tel. 03 85 38 07 50,* €–€€

ÜBERNACHTEN

Bellevue

Dieses Haus bietet gehobenen Komfort, zentral an der Saône. *25 Zi.,*

416, quai Lamartine, Tel. 03 85 21 04 04, Fax 03 85 21 04 02, www.ila-chateau.com/bellevue, €€–€€€

Inter-Hotel Bourgogne
Der gepflegte Betrieb mit Restaurant *Le Perdrix* liegt am Rand der Altstadt. *50 Zi., 6, rue Victor-Hugo, Tel. 03 85 21 10 23, Fax 03 85 38 65 92, www.inter-hotel.com, €€*

Du Nord
Einfacheres, gepflegtes Hotel garni an der Saône. *21 Zi., 313, quai Jean Jaurès, Tel. 03 85 38 08 68, Fax 03 85 39 01 92, €*

AUSKUNFT

Office du Tourisme
1, place Saint-Pierre, Tel. 03 85 21 07 07, Fax 03 85 40 96 00, www.macon-tourism.com

ZIELE IN DER UMGEBUNG

Berzé-le-Châtel [114 B5]
Eine typische Wehrburg von Burgund 18 km nordwestlich von Mâcon, die den südlichen Weg nach Cluny sicherte. Sie stammt aus dem 13.–15. Jh. mit 13 Türmen sowie zwei Donjons. Sommer: *Führungen (Kapelle, Säle, Terrassen) Juli und Aug. tgl. 10–18 Uhr, Nebensaison tgl. außer Di 14–18 Uhr*

Berzé-la-Ville [114 B5]
Cluny besaß in diesem 12 km nordwestlich von Mâcon gelegenen Ort ein Priorat und ein Landhaus für Novizen, das *Château des Moines,* wo Abt Hugo von Cluny seinen Lebensabend verbrachte. Im Chor der *Chapelle des Moines* (12. Jh.) Insider Tipp herausragende romanische Fresken. *Mai–Sept. tgl. 10–12 und 14–18 Uhr, April und Okt. 10–12 und 14–17.30 Uhr*

Bourg-en-Bresse [114 C6]
Die alte Stadt (40 000 Ew.) lohnt von Mâcon aus unbedingt einen Besuch (34 km), obwohl sie streng genommen nicht mehr zu Burgund gehört. Sehr sehenswert sind hier Kloster und Kirche von *Brou* (1532) im Süden der Stadt. Schätze der Kirche sind vor allem die Hochgräber von Margarete von Bourbon, Philibert und Margarete von Österreich, die ebenso berühmt sind wie jene im Herzogspalast von Dijon. In der Klosteranlage, bestehend aus *Petit* und *Grand Cloître,* ist ein Museum untergebracht (wertvolle Gemälde, Skulpturen, Tapisserien, Möbel u. a.). *April–Sept. 9–12.30 und 14–19 Uhr, Okt.–März 9–12 und 14–17 Uhr*

Cluny [114 A5]
★ Das einstige »Wunder des Abendlandes« und Zentrum der Christenheit im Mittelalter, 21 km nordwestlich von Mâcon, ist heute ein Städtchen (4700 Ew.) wie viele andere in Burgund. Von der Abtei mit der bis zum Bau des Petersdoms in Rom größten Kirche des Abendlandes mit einer Gesamtlänge von 187 m, einem fünfschiffigen Langhaus und zwei Querhäusern sind nur wenige Teile erhalten. Von den gewaltigen Türmen steht noch der *Clocher de l'Eau Bénite* mit dem südlichen Arm des Querschiffes.

Von 910 bis ins 12. Jh. wurde die Anlage ständig vergrößert, und so wuchs Cluny unter der Leitung zahlreicher bedeutender Äbte zur geistlichen Großmacht heran. Direkt dem Heiligen Stuhl unterstellt, konnte Cluny selbst Klöster gründen. Bei der Reconquista Spaniens spielte es eine ausschlaggebende Rolle. Gegen die »Verweichlichung« und den »Luxus« von Cluny wandte sich Bernhard von Clairvaux.

Während sich der Zisterzienserorden unter seiner Führung kraftvoll entfaltete, verlor Cluny ab Mitte des 12. Jhs. an Bedeutung. 1790 wurde das Kloster geschlossen, und 1798 begannen die Abbrucharbeiten. Es blieben nur noch einige Reste wie der Mehlspeicher der Mönche (13. Jh.) über einem Keller mit schönem Kreuzgewölbe erhalten, in dem die reich geschmückten, figürlichen Kapitelle des Chors der Abteikirche und andere Funde zu sehen sind, eine Kapelle des 15. Jhs. sowie Kreuzgang und Klostergebäude aus dem 18. Jh. *Mai bis Aug. tgl. 9.30–18.30 Uhr, Sept. bis April tgl. 9.30–12 und 13.30 bis 17 Uhr*

Im einstigen Palais des Abts Jean de Bourbon (gest. 1483) ist das *Musée d'Art et d'Archéologie* untergebracht. Es enthält rund 4000 Bände, davon die Hälfte aus der Abtsbibliothek, und schöne romanische Skulpturen wie einige Fragmente des Westportals der Abteikirche, des Kapitellschmucks und andere Funde, die bei Ausgrabungen zu Tage kamen. *Öffnungszeiten wie Abtei*

Auch eine Stadtbesichtigung lohnt sich. Das Rathaus befindet sich in dem alten Palais (16. Jh.) der Äbte Jacques und Geoffroy d'Amboise. Neben der schönen gotischen Kirche *Notre-Dame* (13. Jh.) steht die *Tour des Fromages* (11. Jh.), von der man Abtei und Städtchen überblickt. Eine schöne Aussicht bietet sich auch von dem romanischen Turm der Kirche *Saint-Marcel.*

Hotels: *Hôtel de Bourgogne, feine Küche, 12 Zi., place de l'Abbaye, Tel. 03 85 59 00 58, Fax 03 85 59 03 73, €€; Saint-Odilon, 36 Zi., rue*

Trotz großer Vergangenheit ist Cluny heute eine bescheidene, nette Kleinstadt

Von weither sichtbar: der 756 m hoch aufragende Kalkfelsen Solutré

Belle Croix, Tel. 03 85 59 25 00, Fax 03 85 59 06 18, €

Pierreclos **[114 A5]**

Das von Alphonse de Lamartine geliebte, schöne Schloss (12. bis 15. und 17. Jh.) mit Terrassengärten liegt inmitten von Weinfeldern über dem Tal der Grosne, 14 km nordwestlich von Mâcon. Sehr lohnend die Innenbesichtigung: Kellergewölbe (12. Jh.) mit Weinmuseum und -probe, die *Salle des Gardes* und die Zimmer des Grafen de Pierreclos und der Laurence aus Lamartines »Jocelyn«. *Führungen in der Hochsaison tgl. 9.30–18.30 Uhr, sonst tgl. 9.30–12 und 14 bis 18.30 Uhr*

Saint-Point **[114 A5]**

Am Nordrand des Dorfes 25 km nordwestlich von Mâcon steht das Schloss Lamartines, das ihm sein Vater 1802 zur Hochzeit schenkte und das der Poet und Politiker so lange aus- und umbaute, bis er ruiniert war. Sie sehen sein Arbeitszimmer, den Salon und andere Räume. Sehr schön ist die romanische Kirche des Dorfes. In der kleinen Nachbarkapelle sind die Gräber von Lamartine und seiner Frau. *März–Mitte Nov. tgl. außer Mi 10–12 und 14–18.30 Uhr*

Solutré **[114 B5]**

★ Wie ein gewaltiger Schiffsbug ragt der Felsen von Solutré, 7 km westlich von Mâcon, über Weinhängen auf. An seinem Fuß fand man bei Ausgrabungen 1866 um die 100 000 Knochen von Pferden sowie von Mammut, Bison, Ren und Urochse – alles Tiere, die Jäger der Altsteinzeit (28 000 bis 10 000 v. Chr.) in den Abgrund getrieben hatten. Der Anstieg ist leicht (45 Minuten hin und zurück), eine schöne Aussicht garantiert. Seit 1968 werden wieder Ausgrabungen vorgenommen. 1987 entstand das *Musée Départemental de Préhistoire* am Fuß des Felsens. *Juni–Sept. tgl. 10–18 Uhr, Okt. bis Mai tgl. außer Di 10–12 und 14–17 Uhr*

PARAY-LE-MONIAL

[113 E4–5] Das Städtchen (9000 Ew.) im Süden von Burgund wird alljährlich im Juni, Juli, August und Oktober von mehr als 100 000 Pilgern besucht. Ziel der Pilgerfahrten ist die großartige Basilika *Sacré-Cœur,* deren Anlage einen Eindruck davon vermittelt, wie Cluny einmal ausgesehen hat. Wie in Lourdes waren Visionen der Anlass für die Wallfahrten: Marguerite-Marie Alacoque lebte im 17. Jh. und empfing als Nonne Visionen und Botschaften. Seit 1873 sind das Kloster, seine Gärten und die Kapelle, in der sie die meisten Erscheinungen hatte, das Ziel der Pilger. 1920 wurde Marguerite-Marie heilig gesprochen.

Paray-le-Monial hat sich ganz auf den Heiligenkult eingestellt und ist außerhalb der Pilgerzeit ein stilles Städtchen, das neben der prächtigen Basilika sehenswerte Museen besitzt, sich aber auch als Standquartier für Ausflüge ins friedvolle Brionnais empfiehlt.

SEHENSWERTES

Basilique du Sacré-Cœur

★ Schön am rechten Ufer der Bourbince gelegen, repräsentiert die 1090 bis 1109 unter Abt Hugo von Cluny begonnene ehemalige Abteikirche außen wie innen den cluniazensischen Stil. Die Restaurierungen im 19. und 20. Jh. haben dem Bau nichts von seiner ursprünglichen Wirkung genommen; er ist eine vollkommene Verkörperung romanischen Geists und gilt mit nur drei statt fünf Schiffen und einem einfachen Querhaus als Kleinformat der zerstörten Abtei in Cluny. Dabei ist die geringe Verwendung von plastischem Schmuck bemerkenswert. Es gibt kein Tympanon und nur wenige skulptierte Kapitelle. Das Hauptschiff mit 22 m Höhe, der Chor und das Querschiff bilden eine harmonische Einheit von schlichter Größe. Besonders der Chor ist ein Musterbeispiel der romanischen Baukunst in Differen-

Anziehungspunkt für Kunstfreunde und Pilger: Basilique du Sacré-Cœur

zierung und Steigerung der Baumassen. *Place Alsace-Lorraine*

Chapelle de la Visitation
In der Kapelle (1633) nördlich der Basilika, wo die Heilige Marguerite-Marie ihre Visionen hatte, steht der vergoldete Schrein mit ihren Gebeinen. *Rue de la Visitation*

Parc des Chapelains
Im Park bei der Basilika Sacré-Cœur befindet sich ein Diorama über das Leben der heiligen Marguerite-Marie. *Ganzjährig geöffnet, Info: Maison des Pages, Parkeingang*

MUSEEN

Musée de la Faïence
Mehr als 2000 Stücke aus zwei Jahrhunderten umfasst die Sammlung von Fayencen, die im ehemaligen Kloster im Südosten der Basilika präsentiert werden. Die Ausstellung ergänzen Geräte sowie Darstellungen zur Fayenceherstellung. *Av. Jean-Paul, Juli/Aug. tgl. außer Di 10–12 und 15–19 Uhr*

Musée Paul Chernoz
Das Museum neben der Kachelfabrik ist der Geschichte des Unternehmens gewidmet. Herausragend sind die prächtigen Fresken, die auf der Weltausstellung von Paris (1889/1900) gezeigt wurden. *Mitte Juni–Mitte Sept. Di–Sa 14.30 bis 18.30, So und Mo 14.30–18 Uhr*

Insider Tipp

ESSEN & TRINKEN

Trois Pigeons
Hier speisen Sie fabelhaft und preiswert zugleich. Ein Vorzug ist auch, dass Sie im selben Haus übernachten können. *44 Zi., 2, rue Dargaud, tgl. geöffnet, Tel. 03 85 81 03 77, Fax 03 85 81 58 59,* €–€€

Aux Vendanges de Bourgogne
Auch hier werden kulinarische Traditionen gepflegt. Außerdem ein gemütliches Hotel. *17 Zi., 5, rue Denis-Papin, Juli/Aug. tgl., Sept. bis Juni tgl. außer Sa abends und Mo, Tel. 03 85 81 13 43, Fax 03 85 88 87 59,* €€

ÜBERNACHTEN

Hotel Terminus
Hinter einer eher unscheinbaren Fassade verbirgt sich ein schön restauriertes Hotel mit sehr geräumigen Zimmern. *16 Zi., 27, av. de la Gare, Tel. 03 85 81 59 31, Fax 03 85 81 38 31,* €€

AUSKUNFT

Office du Tourisme
Av. Jean-Paul II, Tel. 03 85 81 10 92, Fax 03 85 81 36 61, www.paray.org, mi-rocher@wanadoo.fr

ZIELE IN DER UMGEBUNG

Anzy-le-Duc [113 E5]
Die durch ihre klare und harmonische Ausstrahlung herausragende romanische Kirche – 20 km südlich von Paray-le-Monial – gilt als cluniazensische Gründung. Beim Bau von *Sainte-Madeleine* in Vézelay diente sie als Vorbild. Der frühe Figurenschmuck im Portal zeigt, allerdings stark verwittert, eine Himmelfahrt Christi. Beachtenswert sind auch die Kapitelle, die den ältesten figürlichen Zyklus Burgunds bilden.

Die Gebäude des ehemaligen Priorats können nicht besichtigt

werden. Ein dazugehöriges Tympanon befindet sich im *Musée du Hiéron* in Paray-le-Monial.

Bourbon-Lancy **[113 D–E4]**
Auf einem Hügel über dem Loire-Tal gelegenes altes Städtchen (6500 Ew.) und renommiertes Thermalbad, 43 km nordwestlich von Paray-le-Monial. Die 5–58 Grad heißen Quellen sollen bei Rheuma und Durchblutungsstörungen helfen. In der *Rue de l'Horloge* steht ein schönes, reich mit Schnitzereien verziertes Fachwerkhaus aus dem 16. Jh., das Stadttor daneben wurde zum Uhrturm aufgestockt. Die romanische Kirche *Saint-Nazaire* dient heute als *Stadtmuseum* mit prähistorischen und galloromanischen Sammlungen. *Juli und Aug. tgl. 15.30–18.30 Uhr*

In der Kapelle des *Hospice d'Aligre* im weitläufigen Kurpark befindet sich ein barockes Chorgestühl, das Ludwig XIV. 1687 der damaligen Äbtissin von Saint-Cyr schenkte. Interessant ist auch das *Musée de la Machine Agricole Puzenat* mit zahlreichen Landwirtschaftsmaschinen vom Beginn des 20. Jhs. *Im Sommer Di und Sa 9–12 Uhr, Mi–Fr 15.30–18 Uhr, im Winter Mi 9–11, Sa 9–12 Uhr, übrige Tage 14–18 Uhr.* Hotel-Restaurant: *Manoir de Sornat* in einer Villa des 19. Jhs. mit Park und feiner Küche. *13 Zi., route de Moulins, Tel. 03 85 89 17 39, Fax 03 85 89 29 47,* €€–€€€

Charolles **[113 F5]**
Die freundlich-ländliche Hauptstadt des Charolais (3700 Ew., 14 km östlich von Paray-le-Monial) und Zentrum der Viehzucht war einst eine kleine Residenz. Daran erinnern die Reste eines Schlosses und das Stadtpalais (heute Rathaus) der Grafen von Charolais. Schöne Aussicht von der *Tour de Charles Téméraire* (12. Jh.) im Rathausgarten. Besonders malerisch ist die Lage, da sich die Flüsse Arconce und Semence hier vereinigen und eine Art Halbinsel bilden.

Digoin **[113 E4]**
Die Stadt (11 300 Ew.), 12 km nordwestlich von Paray-le-Monial, ist ein Anglerparadies, da sich hier Loire, Arconce, Arroux und Bourbince sowie drei Kanäle treffen. Der Pont-Canal über die Loire misst 234 m. Der *Port de Plaisance* in Digoin ist zudem wichtiger Stützpunkt der Hausbootvermieter.

Interessiert Sie die Herstellung schöner Fayencen? Dann lohnt sich ein Besuch des *Centre de Documentation de la Céramique. April bis Okt. tgl. 10.30–12 und 14.30 bis 17 Uhr*

Iguerande **[113 E6]**
Am Ufer der Loire, 30 km südlich von Paray-le-Monial. Als »Dorf auf den sieben Hügeln« bietet Iguerande eine prächtige Aussicht ins Tal der Loire. Besonders schön die romanische Kirche (12. Jh.) mit einem interessanten Figurenschmuck der Kapitelle.

Marcigny **[113 E5]**
Höchst malerisch ist das verwinkelte Städtchen (2500 Ew.), nahe der Loire und rund 24 km südlich von Paray-le-Monial, mit alten Häusern aus dem 15. Jh. In der *Tour du Moulin* (15. Jh.) befindet sich ein interessantes Museum mit französischen und italienischen Fayencen und Skulpturen. *Mitte März–Mitte*

Okt. tgl. 14–18 Uhr (Mitte Juni bis Mitte Sept. 10.30–12.30 und 14 bis 19 Uhr)

Mont-Saint-Vincent **[114 A4]**
Ein auf dem 603 m hohen Berg gelegenes Dorf, 45 km nordöstlich von Paray-le-Monial, von dessen höchstem Punkt sich eine Aussicht über drei Departements bis zum *Puy-de-Dôme* bietet. Die Kirche (11. Jh.) gehörte zu einem cluniazensischen Priorat. Das Mittelschiff ist wie in Tournus durch Quertonnen gedeckt.

Insider Tipp

Saint-Christophe-en-Brionnais **[113 F5]**
Berühmt sind die seit 500 Jahren im Herbst stattfindenden Viehmärkte des Dorfes, 22 km südlich von Paray-le-Monial. Jeden Donnerstag von 6 bis 9 Uhr früh werden Tausende von Charolais-Rindern auf dem Markt verkauft. Und zwar von den Züchtern selbst, ohne Zwischenhändler. Das garantiert rustikales Ambiente. Trotz der frühen Morgenstunde sollten Sie sich hier auf jeden Fall einen *pot au feu,* der hier *boulli* heißt, gönnen. Oder einen Kalbskopf, wenn's denn sein muss!

Insider Tipp

Insider Tipp

Saint-Germain-en-Brionnais **[113 F5]**
Schönes Beispiel einer romanischen Kirche des Brionnais, erbaut aus dem hiesigen Sandstein. Im Innern Grabfigur (13. Jh.) und kleine Statue des heiligen Benedikt; 23 km südöstlich von Paray-le-Monial.

Semur-en-Brionnais **[113 E5]**
In dem hübschen, hoch gelegenen Dorf (780 Ew.), ca. 25 km südlich von Paray-le-Monial, steht die für das Brionnais typische Kirche *Saint-Hilaire*. Das Westportal ist reich mit Figuren geschmückt; schön das harmonische Innere – der Einfluss von Cluny ist unverkennbar. Der berühmte Abt von Cluny, Hugo, wurde im Jahr 1024 im Château von Semur geboren. Von der einst mächtigen Burg *St-Hugues* sind ein 22 m hoher Donjon (10. Jh.) sowie zwei kleinere Türme erhalten. *Juni bis Mitte Sept. Mo–Sa 10–12 und 14–18 Uhr*

TOURNUS

[114 B4] Tournus (6700 Ew.), zwischen Chalon-sur-Saône und Mâcon gelegen, ist trotz der überregional bedeutenden Abteikirche Saint-Philibert eine kleine Hügelstadt, deren Rhythmus weder durch übermäßigen Verkehr noch Touristenbetrieb wesentlich gestört wird. Tournus besitzt dadurch eine besondere Atmosphäre, dass Saint-Philibert nicht isoliert dasteht, sondern von den dazugehörigen Klostergebäuden noch die wichtigsten Teile erhalten sind. Einen Tag sollten Sie schon für diese Stadt reservieren – oder Sie übernachten hier, um anderntags auch die einladende Umgebung zu erkunden.

SEHENSWERTES

Saint-Philibert
★ Auf die imposante Abteikirche gehen die meisten späteren Bauten dieser Epoche zurück. Bereits in merowingischer Zeit wurde über dem Grab des heiligen Valerian, der 179 in Tournus als Märtyrer starb, ein Kloster gebaut. 875 kamen Mönche von der Insel Noirmoutier und brachten die Reliquien des hei-

ligen Philibert mit, nach dem die Kirche benannt ist. 979 wurde die dreischiffige Krypta geweiht, Mitte des 12. Jhs. war die Kirche mit Chor, Vierungsturm und nördlichem Turm der Westfront fertig gestellt. Das Kircheninnere mit seinen seltenen Quertonnengewölben und den mächtigen, schmucklosen Säulen ist von unübertroffener Reinheit des Stils. Dank dieser Form der Einwölbung können große Fenster den Raum erhellen. Die Krypta mit Umgangschor stammt noch von einem Vorgängerbau aus dem 10 Jh.

Vom ehemaligen Kloster ist der Nordflügel erhalten, dort befindet sich ein Zentrum für romanische Kunst *(Centre d'Art Roman)*. Der Kapitelsaal wurde 1237 nach einem Brand wieder aufgebaut. Aus dem 12. Jh. stammen der Klosterkeller und das 33 m lange angrenzende Refektorium. *Rue Albert Thibaudet, im Hochsommer tgl. 8–19 Uhr, Nebensaison tgl. 8–18 Uhr*

Schlicht, aber beeindruckend: Saint-Philibert in Tournus

MUSEEN

Musée Bourguignon
Das häusliche Leben im alten Burgund mit seinen Bräuchen wird hier rekonstruiert. Napoleonische Souvenirs erinnern in einer kleinen Ausstellung an den tapferen Soldaten Jean-Marie Putigny aus Tournus. *8, place de l'Abbaye, April bis Okt. tgl. außer Mo 9–13 und 14 bis 17 Uhr*

Musée Greuze/Hôtel-Dieu
Original erhalten ist die schöne Einrichtung des Hôtel-Dieu in der Altstadt mit Krankensälen und einer Apotheke aus dem 18. Jh. Hier wird heute eine Sammlung von Gemälden und Zeichnungen des in Tournus geborenen Malers Jean-Baptiste Greuze (1725–1805) gezeigt. *Rue de l'Hôpital, April–Okt. tgl. außer Di 10–18 Uhr*

ESSEN & TRINKEN

Greuze
Insider Tipp

Eine der großen Feinschmeckeradressen in Burgund. Hier wirkt Meisterkoch Jean Ducloux; geradezu wunderbar ist die *Poularde des Ducs de Bourgogne. 1, rue Albert-Thibaudet, Tel. 03 85 51 13 52,* **€€€**

Aux Terrasses
Der andere Stern am lokalen Feinschmeckerfirmament. Am Herd:

Michel Carette. Wie er etwa einem Bresse-Huhn mit Chardonnay oder einem Zander mit einem Mantel aus Morvan-Schinken zur kulinarischen Weihe verhilft, ist sein Geld wert. *18, av. du 23 janvier, tgl. außer So abends sowie Di mittags und Mo, Tel. 03 85 51 01 74, €€–€€€*

EINKAUFEN

Poterie de Senozan
Keramik der Künstlerin Colette Houtman. *4, rue des Tonneliers*

ÜBERNACHTEN

Hôtel de Greuze
Bei der Abteikirche liegt das beste Haus am Platz mit jedem Komfort. *21 Zi., 5, place de l'Abbaye, Tel. 03 85 51 77 77, Fax 03 85 51 77 23, greuze@relaischateaux.com, €€€*

Hôtel de la Paix
Angenehmes Haus mit ruhigen Zimmern, zum Teil mit Blick auf die Abtei. *23 Zi., 9, rue Jean-Jaurès, Tel. 03 85 51 01 85, Fax 03 85 51 02 30, www.hotel-de-la-paix.fr, €–€€*

Insider Tipp **Le Sauvage**
Charme von einst und heutiger Komfort verbinden sich ansprechend. *30 Zi., place Champ de Mars, Tel. 03 85 51 14 45, Fax 03 85 32 10 27, le-sauvage.tournus@wanadoo.fr, €*

AUSKUNFT

Office du Tourisme
2, place Carnot (Logis de la Tête Noire), Tel. 03 85 27 00 20, Fax 03 85 27 00 21, ot.tournus@wanadoo.fr

ZIELE IN DER UMGEBUNG

Azé **[114 B5]**
Eine Sehenswürdigkeit ersten Rangs befindet sich 28 km südwestlich von Tournus bei Blanot: die Höhle der 1000 Bären mit einem 300 000 Jahre alten Skelett eines Höhlenbären und eine Grotte mit unterirdischem Fluss. In dem angeschlossenen archäologischen *Musée des Grottes* sind faszinierende Funde zu sehen. *April–Ende Sept. tgl. 10–12 und 14–19 Uhr, Okt. nur So*

Insider Tipp

Blanot **[114 B5]**
Das Dorf, 35 km südwestlich von Tournus, wird hauptsächlich wegen seiner fünf bis zu 80 m tiefen Tropfsteinhöhlen besucht. *La Grotte de l'Ours* und *La Grotte du Bison* waren von Zeitgenossen des Neandertalers bewohnt. Ein 1 km langer Weg führt durch die Kalkformationen. *April–Sept. tgl. 9.30–12 und 13.30–19 Uhr, Okt. So 14–19 Uhr*

Sehenswert sind auch die Kirche (12. Jh.) und das Kloster, die zu Cluny gehörten. Vom 579 m hohen *Mont Saint-Romain* haben Sie einen prächtigen Fernblick über das Mâconnais und die Bresse.

Brancion **[114 B4]**
Höchst malerisches mittelalterliches Dorf 12 km westlich von Tournus, das einmal der bedeutendste befestigte Ort in Südburgund war. Vom *Château* (10. Jh., erweitert im 14. Jh.) sind umfangreiche Reste erhalten. Einen großartigen Blick haben Sie auf Dorf und Tal vom Donjon aus. Die romanische Kirche *Saint-Pierre* kann mit

ihrem gedrungenen Turm und wuchtigen Bogen als Prototyp einer frühromanischen Kirche gelten. Bedeutend, wenn auch schlecht erhalten, sind die Wandmalereien. Links das Grab mit ruhender Figur des letzten Seigneur von Brancion, Gisant de Josserand, der 1250 auf dem siebten Kreuzzug in der Schlacht von El Mansurah fiel.

Chalon-sur-Saône **[114 B3]**

★ An der Autobahn 27 km nördlich von Tournus gelegene Stadt (50 000 Ew.), die jahrhundertelang wichtiger Handels- und Verkehrsknotenpunkt war. Hier wurde 1765 der Erfinder der Fotografie, Joseph Nicéphore Niepce, geboren. Das *Musée Nicéphore Niepce* am Ufer der Saône stellt u. a. die erste Kamera und die erste Dunkelkammer der Welt aus. *28, quai des Messageries, Juli/Aug. tgl. außer Di 10–12.30 und 13.30–18 Uhr, Sept.–Juni tgl. außer Di 9.30–11.45 und 14–17.45 Uhr, www.museeniepce.com*

Château de Cormatin **[114 B4]**

★ Das imposante Schloss 24 km westlich von Tournus wurde 1605–16 vom Gouverneur von Chalon, Antoine du Blé d'Huxelles, erbaut. Berühmt ist es vor allem wegen der *Salles Dorées*, der prunkvollsten Gemächer aus der Zeit Ludwigs XIII. (1628). Da ist das *Cabinet de Sainte Cécile,* einst Arbeitszimmer von Jacques du Blé, das reich vergoldet und mit Wandgemälden geschmückt ist, die die heilige Cäcilie und die Kardinaltugenden darstellen. Oder das Gemach der Marquise mit einer herrlichen Decke in Gold und Blau und geschmückt mit einem großen Ölgemälde »Venus und Vulcan«.

Der Garten des Schlosses wurde in der Renaissance mit einem großen Labyrinth, Küchengarten, Hainen und einem Freilichttheater angelegt. Die *Allée Lamartine* am Flussufer besteht aus 130 prächtigen alten Linden. *Juli/Aug. 10–18 Uhr, April, Okt./Nov. tgl. 10–12 und 14–17 Uhr, Mai/Juni bis 18 Uhr*

Louhans **[114 C4]**

In der Kleinstadt (4000 Ew.) 28 km östlich von Tournus sind außer der Arkadenreihe der *Grande Rue* das *Hôtel-Dieu* (Ende 17. Jh.) mit zwei Krankensälen und einer prächtigen Apotheke aus der Zeit Ludwigs XIV. sehenswert *(Führungen März–Sept. tgl. außer Di 10.30, 14.30, 16 Uhr).* Montagmorgens findet ein großer, gut besuchter Markt statt, der als einer der schönsten Burgunds gilt. Insider Tipp Hotel-Restaurant: *Moulin de Bourgchâteau, 18 Zi., 3, rue Guidon, Tel. 03 85 75 37 12, Fax 03 85 75 45 11,* €–€€

Taizé **[114 A–B4]**

1940 gründete der ehemalige Schweizer Theologiestudent Roger Schutz aus Lausanne die Brüdergemeinde von Taizé. Bald nach dem Krieg wurde das kleine burgundische Dorf am Felshang, 28 km westlich von Tournus, zum Wallfahrtsort vieler Jugendlicher aus aller Welt. Heute leben und arbeiten die Brüder dieser ökumenischen Gemeinschaft als Handwerker, Landwirte, Ärzte. Die Versöhnungskirche *(Église de la Réconciliation)* erbaute 1962 die Aktion Sühnezeichen. Zahlreiche Bungalows für die jugendlichen Gäste, Handwerksbetriebe und Verkaufslokale. *Info: Tel. 03 85 50 30 00, www.taize.fr*

Clos des Langres

Genussvolle Touren in Burgund

Die Touren sind in der Karte auf dem hinteren Umschlag und im Reiseatlas ab Seite 108 grün markiert

1 ZU HÖHEPUNKTEN ROMANISCHER KUNST

Auf den Spuren einer glorreichen Vergangenheit. Mal römisch, mal gallisch, dann wieder kirchlich oder herzöglich-burgundisch. Angereichert mit einigen guten Tropfen und dem Flair reizvoller Dörfer und Städte. Länge: ca. 365 km. Ein Programm für 3 bis 4 Tage.

Sie verlassen *Dijon (S. 38)* auf der N 71 Richtung Châtillon-sur-Seine. Rund 8 km nördlich von *Saint-Seine-l'Abbaye* biegen Sie links ab auf die D 103 und kommen zu der reizvoll im Wald gelegenen Seine-Quelle, der *Source de la Seine (S. 43)*. Bei der Weiterfahrt über *Frolois* stößt die D 103 bei *Darcey* auf die D 6, die Sie nach *Alise-Sainte-Reine (S. 39)* und zum *Mont Auxois* bringt. Auf der Höhe des Bergs streckt sich die Monumentalstatue des Vercingetorix gen Himmel.

Etwas nördlich liegt das *Château de Bussy-Rabutin (S. 40)*, dessen Geschichte eng mit der Person seines früheren Besitzers, des geistreichen Grafen Roger de Rabutin, verbunden ist. Südlich empfiehlt sich ein Abstecher ins hübsche *Flavigny-sur-Ozerain (S. 41)*. Dann folgen Sie der D 9 Richtung *Semur-en-Auxois (S. 43)*, wo eine Übernachtung angezeigt ist.

Am nächsten Morgen gehts Richtung *Avallon (S. 51)*. Unterwegs können Sie das *Château d'Epoisses (S. 40)* besuchen. Bevor Sie das Mekka romanischer Kunst, *Vézelay (S. 54)*, erreichen, lohnt sich ein Stopp in *Saint-Père-sous-Vézelay (S. 54)* mit Feinschmeckertempel und schöner Kirche. Vielleicht haben Sie von hier aus auch Lust auf einen Abstecher ins Grüne, in die nördlichen Ausläufern des Morvan.

Es geht weiter von Vézelay ins 23 km westlich gelegene Städtchen *Clamecy (S. 61)* am Fluss Yonne. Die Route folgt ab *Coulanges-sur-Yonne* dem idyllischen Flusstal. In der sympathischen Stadt *Auxerre (S. 45)* sollten Sie übernachten und sich neben der Besichtigung der Sehenswürdigkeiten auch Zeit für einen Bummel in der Fußgängerzone rund um den Tour de l'Horloge nehmen.

Inmitten der zahlreichen Weinberge laden vielerorts Winzer zur dégustation ein

Im 20 km östlich gelegenen Weindorf *Chablis (S. 48)* laden Winzer zu Weinproben ein. Auf der D 965 geht die Fahrt durch Rebfelder zum Städtchen *Tonnerre (S. 51)*. Südöstlich von Tonnerre fahren Sie zum prächtigen *Château de Tanlay (S. 49)*. Auf der D 116/118 verlassen Sie Tanlay und kommen nach rund 3 km zur D 905. Nächste Station ist *Ancy-le-Franc (S. 48)* mit seinem prächtig ausgestatteten ,großen Schloss.

Bevor Sie *Montbard (S. 41)* erreichen, können Sie 7 km nordwestlich in *Buffon* an der D 905 ein historisches Schmiedewerk besichtigen, die *Forges de Buffon (S. 42)*. Hinter Montbard biegen Sie gleich außerhalb des Städtchens links auf die D 32 ein, die Sie zur großartigen *Abbaye de Fontenay (S. 38)* führt. Nach 55 km auf der D 905 und der Autobahn A 38 kommen Sie zurück nach Dijon.

2 ZWISCHEN WEINHÜGELN UND WALDESHÖHEN

Ein überaus anregender Mix aus weltberühmten Weinorten an der Côte d'Or, kaum weniger berühmten Klöstern, Kirchen und Schlössern im Westen der Bourgogne. Bis hin zu den waldigen Höhen des Morvans mit seinen Seen. 520 km, für die Sie mindestens 3 bis 4 Tage veranschlagen sollten.

Von *Beaune (S. 27)* fahren Sie in Richtung Dijon auf der N 74 nach *Nuits-Saint-Georges (S. 33)*. Unbedingt sollten Sie wenige Kilometer nördlich das inmitten der Reben gelegene Weinschloss *Clos de Vougeot (S. 32)* besichtigen. Es gehörte zum berühmten *Kloster Citeaux (S. 30)*, das Sie auf der D 8 erreichen. Die schlichten, teils modernen Klosterbauten sind zwar architektonisch nicht mit Fontenay zu vergleichen, bieten dafür aber sehr viel zur Geschichte des Zisterzienserordens.

Nach diesem Abstecher geht es westwärts in die Weinberge der *Côte d'Or* mit ihren friedlichen Dörfern. Über *Arcenat* kommen Sie zum *Canal de Bourgogne*, an dem Sie bis zum schön gelegenen *Châteauneuf (S. 40)* mit seinem wehrhaften Schloss entlang fahren. 5 km nördlich lohnt auch *Commarin (S. 40)* mit seinem Schloss einen Besuch. Nachdem Sie auf der D 994 die *Autoroute du Soleil* gekreuzt haben, treffen Sie auf die N 81, die Sie nach *Arnay-le-Duc (S. 31)* bringt. Von hier geht es auf der D 36 über die Dörfer *Maligny* und *Thury* bis *Epinac*. Von dort sollten Sie einen Abstecher auf der D 26 nach *Sully (S. 69)* mit einem stattlichen Schloss machen.

Von Sully sind es nur 20 km bis *Autun (S. 65)*. Die alte Stadt mit ihren romanischen Kunstschätzen in der Kathedrale Saint-Lazare und im Museé Rolin sowie den Überresten aus römischer Zeit ist auch als Übernachtungsziel zu empfehlen. Montags und freitags sollten Sie nicht den farbenfrohen Markt auf der Place du Champ de Mars verpassen.

Autun verlassen Sie auf der N 81; nach 3 km biegen Sie rechts ab auf die D 296 und fahren nach *Saint-Léger-sous-Beuvray*. Über dem Ort erhebt sich der 821 m hohe *Mont Beuvray (S. 70)*. Von der D 3, die westlich aus dem Ort führt, zweigt nach rund 3 km links

Portal von Saint-Lazare in Autun: Wer kommt in die Hölle, wer ins Paradies?

die D 274 ab, die Sie in einer kurvenreichen Schleife auf den Berg bringt. Von der Höhe bietet sich Ihnen ein phantastischer Fernblick.

Nach dem Bergausflug folgen Sie der D 18 bis zur Abzweigung der D 27, die Sie nordwärts in schöner Fahrt durch die Waldeshöhen des Morvan zum Ferienort *Château-Chinon (S. 61)* bringt, dessen Bürgermeister seinerzeit François Mitterrand war. Ein Museum bezeugt, dass er den Ort als Staatspräsident nicht vergessen hat.

Sie fahren weiter in die üppige Natur des Morvan hinein, der besonders an heißen Sommertagen Erfrischung verspricht. Auf der D 37 geht es über die Dörfer *Lorient* und *Planchez;* 2 km weiter zweigt rechts beim Weiler La Gutteleau die schmale D 501 zum *Lac des Settons (S. 53)* ab. Umrunden Sie den See – wobei Gelegenheit zu einem Bad gegeben ist – am nordöstlichen Ufer und kommen Sie über *Les Settons* nach *Montsaucheles-Settons.*

Auf kleinen Straßen (D 977 und D 12) geht es über *Ouroux-en-Morvan* nach *Chaumard* am *Lac de Pannesière-Chaumard (S. 53).* Die landschaftlich schöne Straße an seinem Südwestufer bringt Sie zur D 944. Nach wenigen Kilometern biegen Sie links auf die D 126 ab und fahren gemütlich an der Yonne entlang über *Montreuillon,* passieren den *Aquädukt de Montreuillon* und kommen zur D 945, der Sie in Richtung *Châtillon-en-Bazois (S. 61)* am *Canal du Nivernais* folgen.

Nächste Station ist *Nevers (S. 57),* die alte Herzogstadt an der Loire. Mit Besichtigung der Stadt und der traditionellen Fayenceherstellung ist schnell ein halber Tag vergangen. Die Route folgt ab Nevers anstelle der Nationalstraße bzw. der Autobahn den kleinen Straßen, die parallel zum *Canal Latéral de la Loire* nordwärts ziehen. Insider Tipp Sie kommen nach *Sancerre,* dem hübsch auf einem Hügel inmitten der Reben gelegenen alten Weindorf, das bekannt ist für seinen fruchtigen, trockenen Weißwein. Bei *Cosne-sur-Loire (S. 62)* überqueren Sie den Fluss und fahren nach einer Stadtbesichtigung auf der D 995 in eine vom Tourismus weit gehend unentdeckte, ursprüngliche Ecke von Burgund, die Landschaft Puisaye. Hinter *Saint-Amand-en-Puisaye* biegen Sie zum *Château de Ratilly (S. 49)* ab. Ein anderer Abstecher bringt Sie zum Ort *Saint-Fargeau (S. 49)*, der ebenfalls ein sehenswertes Schloss besitzt.

Von *Saint-Fargeau* fahren Sie zurück nach *Saint-Sauveur*, Geburtsort der Schriftstellerin Colette. Ab Saint-Sauveur wählen Sie die schöne Strecke nach *Toucy* am Flüsschen Quanne. Noch weitere 24 km, und Sie sind in *Auxerre (S. 45)*, dem Endpunkt der Route.

3 MIT DEM RAD UM DEN MONT SAINT-ROMAIN

Für diese rund 80 km lange Schleife, die wegen einiger Kletterpartien Sportsgeist voraussetzt, sind mit genügend Zeit für Besichtigungen zwei bis drei Tage zu veranschlagen. Der erste Teil der Route verläuft parallel zur »Voie Verte«, der Grünen Straße, die vom Conseil Général de Saône-et-Loire für Radtouristen und Wanderer angelegt wurde. Wer nicht ganz so fit im Sattel ist, kann die Strecke auch mit dem Auto abfahren.

Sie verlassen *Cluny (S. 72)* über den Pont de la Levée und die D 15. Am Eisenbahnübergang halten Sie sich links in Richtung *Varanges*. Die gewundene, kleine Straße führt in den parkartigen *Forêt Domaniale*, einst Wildreservat der Mönche von Cluny. Links rollen Sie dann Richtung *Cortambert* und weiter über die Dörfer *Toury* und *Chissey-les-Mâcon* nach *Lys*. Das charmante Dorf lädt zu einer Rast in der kleinen Bar ein, die auch Gemüseladen ist.

Für die nächste Station, das *Château de Cormatin (S. 81)*, ist eine ausgiebige Besichtigung angesagt. Nicht nur Radfans werden auch vom *Musée du Vélo (tgl. 10–18.30 Uhr)* mit 135 Varianten des Zweirads begeistert sein! Danach können Sie die Fahrt ein Stück auf der *Voie Verte* bis *Saint-Genoux-le-National*, einem stimmungsvoll-mittelalterlichen Ort, fortsetzen *(Hotel-Restaurant De la Gare, 11 Zi., Tel. 03 85 94 18 50, €)*. Eine kleine Straße führt östlich aus dem Ort nach *Sercy* und über die Grosne und den Weiler St-Forgeuil am Wald *Bois du Grand Bragny* nach *La Chapelle-de-Bragny*, einem beschaulichen Dorf, das sich mit seinem einfachen Schloss (Privatbesitz) seinen stillen, typisch burgundischen Charme bewahrt hat.

Bei der Strecke, die nun folgt, ist Schwerarbeit angezeigt: Sie steigt stetig über *Nanton*, *Corlay* zum *Col de Navois*. Für die Mühe werden Sie mit einer Fernsicht belohnt, die schlichtweg umwerfend ist, besonders wenn Sie hier das letzte Stück auf dem Wanderweg bis zum höchsten Punkt des Bergkamms (500 m) zu Fuß gehen! Der sportliche Teil der Route ist damit nicht zu Ende. Ab *Mancey* steigt die Straße steil zum *Col des Chèvres*. Bergab gehts nach *Brancion (S. 80)* mit dem sehr empfehlenswerten *Hotel-Restaurant La Montagne de Brancion (20 Zi., Col de Brancion, Restaurant tgl. außer*

Mi mittags und Mo, Tel. 03 85 51 12 40, €€). Auch hier haben Sie eine herrliche Aussicht auf das Charolais und den Morvan im Nordwesten. Von Brancion geht es über *Cruzille* (D 161) südlich nach *Azé (S. 80)* mit seinen hochinteressanten Höhlen. Nach einem letzten Anstieg geht es die letzten Kilometer bergab nach Cluny.

4 MIT DEM HAUSBOOT AUF DEM CANAL DE BOURGOGNE

Geografisch gesehen »nur« eine Wasserstraße, die das Tal der Yonne mit dem der Saône verbindet. Ansonsten jedoch eines der schönsten Hausbootreviere Frankreichs. Auf der Strecke romantische Natur, unzählige Schleusen und sogar ein mehr als 3 km langer Tunnel. An den Ufern reichlich Sehenswürdigkeiten, die man mit dem mitgeführten Fahrrad (eigenes oder gemietet) leicht erreichen kann. Viele praktische Hinweise finden Sie unter www.canal-de-bourgogne.com, und – in englischer Sprache – auf www.burgundy-canal.com. Für die Gesamtstrecke von ca. 240 km Länge mit ihren knapp 200 Schleusen sollten Sie sich ungefähr zwei Wochen Zeit nehmen. Teilstrecken von beliebiger Länge sind möglich.

Sie beginnen in der flächenmäßig kleinsten – als Zentrum des Flusstourismus allerdings nahezu größten – Gemeinde Frankreichs, *Saint-Jean-de-Losne*. Danach wartet *Dijon (S. 34)*, die historische Metropole der Bourgogne, mit allen ihren Sehenswürdigkeiten auf Ihren Besuch. Anschließend folgen Sie in

Harmonie der klaren Linien: Saint-Pierre in Brancion

vielen Mäandern dem landschaftlich reizvollen Ouche-Tal, vorbei an einem der schönsten Dörfer Frankreichs *Châteauneuf-en-Auxois (S. 40)*, und an *Commarin (S. 40)* mit seinem mächtigen Schloss, bis zur Haute-Côte, der Wasserscheide Burgunds, die Sie in einem 3300 m langem Tunnel bei *Pouilly-en-Auxois (S. 42)* am Schleppseil unterqueren. Vorbei an *Semur (S. 43)* und den Ausgrabungsstätten des alten römischen Alesia erreichen Sie *Montbard (S. 41)* und die berühmte *Abtei von Fontenay (S. 38)*. Sie folgen dem Tal des Armançon, passieren *Tanlay (S. 49)* zu Ihrer Rechten und *Tonnerre (S. 51)* zur Linken. Bei *Laroche* stoßen Sie am Ziel Ihrer Reise auf das Tal der Yonne.

Radwandern, Reiten, Rafting und Golf

Es erwartet Sie ein sportliches Kontrastprogramm, das kaum Wünsche offen lässt

Urlaub in der Natur wird in Burgund groß geschrieben: Die zahlreichen Flüsse, Kanäle und Seen sind ideal zum Angeln, Paddeln, Segeln, Kanufahren und sogar Rafting. Oder Sie entdecken die Schönheiten Burgunds zu Fuß, im Sattel oder per Rad.

ANGELN

In Burgund finden Sie reiche Fanggründe: in den Wildbächen des Morvan, der Loire – einem der letzten »wilden« Flüsse Europas –, der Saône, Seine, Yonne, Cure, Cousin tummeln sich kapitale Hechte, Forellen, Flussbarsche. Nicht zu vergessen die 800 km Kanäle, die Teiche der Landschaft Puisaye und die Seen des Morvan.

Eine gültige Angelkarte ist in jedem Fall erforderlich *(Infos über die Tourismusbüros)*. Die Broschüre *La Pêche en Bourgogne* erhalten Sie beim Comité Régional du Tourisme.

GOLF

Ob Anfänger, Fortgeschrittener oder Profi – die burgundischen *greens* werden allen Ansprüchen gerecht, vom rustikalen 9-Loch- bis zum 18-Loch-Platz. Mit einem Golfpass können Sie verschiedene Plätze bespielen *(Pass Grands Golfs de Bourgogne, Golf de Mâcon-La-Salle, La Salle Mâcon Nord, www.passgolfsbourgogne.com)*. Einen schönen 18-Loch-Platz besitzt die *Domaine du Château de Roncemay, Chassy par Aillant-sur-Tholon, Tel. 03 86 73 50 50, www.roncemay.com*. Weitere Infos auch unter: *www.burgund-tourismus.com*

Herausforderung für Profi-Kletterer: Kalkfelsen von Saussois

KANU- & KAJAKTRIPS

Die Flüsse Cure und Chalaux werden von passionierten Kanu- und Kajakfahrern geschätzt, besonders am Wochenende, wenn man die Schleusen der Staudämme öffnet. Die *Base Nautique des Lac de Chaumeçon* organisiert geführte Exkursionen *(Saint-Martin-du-Puy, Tel./Fax 03 86 22 61 35, www.activital.net)*.

Ruhiger geht es auf dem Lac des Settons im Morvan zu, dem größten Wassersportrevier von Burgund. Ein Leckerbissen für Kanuten und Kajakfahrer ist die Loire, **Insider Tipp** die Sie allein oder in Begleitung auf Halbtags- oder Wochenexpeditio-

Immer entlang der Weinfelder – hier kommen Radsportler auf Touren

nen erleben können. Es gibt auf 145 km zwischen Saint-Hilaire-Fontaine und Neuvy-sur-Loire vier Clubs, die alle Ausrüstung verleihen. Info: *Randonièvre, Nevers, 5, rue de la Parcheminerie, Tel. 03 86 36 92 98, Fax 03 86 36 00 30, rando58@club-internet.fr*

KLETTERN

Kletterern ist Burgund ein Begriff. Ideale Trainingsbedingungen finden Sie in den Kalkfelsen der Departements Yonne und Côte d'Or sowie des Morvan. Besonders bekannt sind die Felsen des Saussois in der Yonne zwischen Mailly-la-Ville und Châtel-Censoir. In der Côte d'Or ist Saffre, nahe Vitteaux, ein beliebtes Kletterziel mit Kletterschule. Chambolle-Musigny und Talant bei Dijon werden besonders von Anfängern geschätzt, und im Morvan ist Klettern im Granit angesagt, insbesondere zwischen Vieux-Château und Dun-les-Places. Info: *Fédération Française de la Montagne et de l'Escalade, 75019 Paris, 8–10, quai de la Marne, Tel. 01 40 18 75 50, www.ffme.fr*

RADWANDERN & MOUNTAINBIKING

Die vielfältige Landschaft Burgunds ist ideal fürs Radwandern. Meist rollen Sie auf stillen Nebenstraßen und können in Ruhe die vorbeiziehende Natur genießen. In den einzelnen Departements können Sie unter einer Vielzahl von vorgegebenen Rundrouten verschiedener Länge wählen, wie z. B. der *Voie Verte*, die Cluny mit der Hügellandschaft um Beaune verbindet, oder der organisierten *Randonnée des Vignes*, die in fünf Tagen durch Weinorte an der Loire führt *(Randonièvre, Nevers, 5, rue de la Parcheminerie, Tel. 03 86 36 92 98, Fax 03 86 36 00 30, rando58@club-internet.fr)*.

Insider Tipp

Mountainbiker kommen ebenfalls auf ihre Kosten: Burgund bietet ca. 3000 km Strecke, nach Schwierigkeitsgraden farblich markiert. Infos: *Morvan VTT, Tel. 03 86 78 71 77, www.morvan-tourisme.org; Centre VTT Brionnais-Découverts, Marcigny, 5, bv. des Prairies, Tel./Fax 03 85 67 85 48, bridec@wanadoo.fr*

Rafting

Auf den Ritt mit dem Schlauchboot, *Hydrospeed* bzw. *Hot-Dog* durch die tosenden Wasser von Cure und Chalaux sind verschiedene Veranstalter im und nahe dem Morvan spezialisiert: *Base Nautique des Lac de Chaumeçon Activital, Saint-Martin-du-Puy, Tel./Fax 03 86 22 61 35, www.activital.net; AN Rafting, Plainefas, Tel. 03 86 22 65 28, Fax 03 86 22 64 85, www.an-rafting.com; Tous Azimuts, Brassy, Tel. 03 86 22 28 97, Fax 06 08 89 72 70, perronetr@infonie.fr*

Reiterferien

Burgund im Sattel erleben – da ist Romantik und Naturerlebnis angesagt! Im Angebot sind beim Wanderreiten zum Beispiel Übernachtungen in alten Schlössern, die Besichtigung von Weingütern mit *dégustation* großer Weine, gastronomische Entdeckungen, Besichtigungen von Kirchen und Städten ...

Einige Reiterhöfe, *fermes équestres*, bieten neben dem Reiten auch Ausflüge mit der Kutsche. Mit rund 500 km markierten Reitwegen ist der Morvan ideal für Ferien im Sattel. Info: *Parc Naturel Régional du Morvan, Maison du Parc, Saint-Brisson, Tel. 03 86 78 79 00, Fax 03 86 78 74 22, www.parcdumorvan.org; Comité Départemental de Tourisme Equestre de Saône-et-Loire, Paray-le-Monial, Tel. 03 85 88 31 51, Fax 03 85 24 07 96, www.lemoulindevaux.com*

Segeln & Windsurfen

Burgund hat zwar keine Meeresküste, dafür aber verschiedene Seen wie z.B. den 3,6 km² großen Lac des Settons im Morvan. Bei der *Station-voile des Settons* können Sie Segelboote und Surfbretter leihen.

Natürlich gibt es weitere Wassersportaktivitäten wie Wasserskilaufen oder Kanufahren. Mit 5 km² ist der *Lac de Pannecière* der größte See, der ebenso wie der *Lac de Saint-Agnan* (1,5 km²) oder der *Étang de Baye* mit Aktivitäten auf dem Wasser lockt. Info: *Base Nautique des Settons, Montsauchon-les-Settons, Tel. 03 86 84 51 98, Fax 03 86 84 56 70, Base Nautique Aquadis, Lac de Saint-Agnan, Tel./Fax 03 86 37 95 83, aquadisi@wanadoo.fr*

Wandern

Auf eine Länge von 6000 km summieren sich die Wanderwege in Burgund. Sie verbinden die bedeutendsten Orte und führen durch die abwechslungsreichen Landschaften der einzelnen Departements: Das 149 km lange Teilstück des berühmten Pilgerwegs *Chemin de Saint-Jacques-de-Compostel* z. B. führt von Vézelay über den Morvan und durch das Tal der Yonne bis Varzy.

Eine interessante Wanderroute bieten auch die 120 km, die von der Abbaye de Fontenay über den Mont Auxois bis zum Mont Beuvray teilweise dem historischen Weg folgen, den die Gallier im Kampf gegen Cäsar zurücklegten. Info: *France Randonnée, Rennes, 9, rue des Portes Mordelaises, Tel. 02 99 67 42 21, Fax 02 99 67 42 23, www.france-randonnee.fr; Nature et Tourisme, Beaune, 6, bd. Perpreuil, Tel. 03 86 24 98 61, nature-et-tourisme.ing@wanadoo.fr*

Poupon - 1777
Dijon
fine de Dijon

Spaß, Spiel und lehrreiche Unterhaltung

Begegnungen mit heimischen und exotischen Tieren, Dinosauriern, Gladiatoren und Rittern

Burgund ist ein ideales Familienziel. Mit seiner idyllischen Landschaft, den alten Bauernhöfen und Dörfern, weiten Flusstälern und Wäldern bietet Burgund beste Voraussetzungen für den Urlaub mit Kindern. Auch für Spaß und Abenteuer ist reichlich gesorgt, sei es ein Freizeit- oder Tierpark, spezielle Museen oder ein Ausflug mit der Dampflok.

CÔTE D'OR

Archéodrome [114 B2]

Als wäre man mit der Zeitmaschine in die Vergangenheit versetzt: Cäsars Legionäre marschieren gegen die Gallier, Gladiatoren raufen sich, Ritter erproben ihre Waffen, Handwerker und Musikanten zeigen ihr Können ... Dabei vergehen die Stunden in den historisch korrekten Nachbauten von Steinzeithäusern, einem gallischen Bauernhof, einem Heerlager und einem römischen Tempel wie im Flug! *Autobahnraststätte Tailly, an der A 6, Juli/Aug. tgl. 10–19 Uhr, April–Juni und Sept. tgl. 10–18 Uhr, Okt.–März Mi–So 10–17 Uhr, Erw. 6 Euro, Kinder 4,50 Euro, www.archeodrome-bourgogne.com*

In Burgund gibts für Kids viel zu bestaunen – nicht nur Schaufenster

Ecomusée La Ferme du Hameau [109 F5]

Wie es auf dem Land zuging, bevor der Trecker das Pferd ersetzte, der Mähdrescher die Mäh- bzw. die Dreschmaschine, der Roboter altes Handwerks-Knowhow, wird hier mit vielen Aktivitäten demonstriert. *Bierre-les-Semur, 14 km südöstlich von Semur-en-Auxois, Juli–Aug. Di–Sa 14–18, So 10–18 Uhr, Erw. 5,50 Euro, Kinder 3 Euro, fermeduhameau@libertysurf.fr*

In'Forest [110 C5]

Hier haben Sie Gelegenheit, Ihre Lust am Baumklettern auszuleben, beim Tarzansprung, auf der Affenbrücke, dem Schwebebalken und weiteren der 88 Kletterattraktionen 1–15 m über dem Erdboden. *Domaine Sainte-Anne, Messigny-et-Vantoux, 6 km nordwestlich von Dijon, Reservierung obligatorisch, Tel. 06 19 50 09 35, Erw. 15 Euro, Kinder 7,70–10,70 Euro*

Parc de l'Auxois [110 A5]

Ein Freizeitpark für die ganze Familie mit allerlei putzigen Tieren wie

Waschbären, Strauße und Stachelschweine. Viel Spaß bieten auch ein Pool mit Wasserrutsche, Kutschpartien, Minigolf und vieles mehr. *Arnay-sous-Vitteaux, 40 km westlich von Dijon, März–Mitte Nov. tgl. 10–19 Uhr, Erw. 8,50 Euro, Kinder 6,50 Euro, www.parc-auxois.com*

YONNE

Cardoland **[109 D5]**
Mit 50 Skulpturen hat der Künstler Cardo sich hier sein eigenes Vorzeituniversum inklusive Grotte und Museum geschaffen, mit Urmenschen, Dinosauriern und Säbelzahntiger. Ein Muss für alle Fans von Jurassic Park. *Chamoux, 6 km westlich von Vézelay, Juli/Aug. tgl. 10–19 Uhr, April/Mai und Sept. bis Nov. Sa 13.30–17.30, So 10–18 Uhr, Erw. 7 Euro, Kinder 4 Euro*

Insider Tipp **Guédelon** **[108 C4]**
Ein faszinierendes Projekt, das noch über viele Jahre läuft, ist der komplette Nachbau einer Burg des 13. Jhs. in einem Steinbruch – mit mittelalterlichen Techniken, also ganz ohne Maschinen! Den 30 Steinmetzen, Zimmerleuten und Maurern helfen nur Esel und Pferde. *Treigny, 40 km westlich von Clamecy, Ende März–Juni tgl. außer Mi 10–18, So 10–19 Uhr, Juli/Aug. tgl. 10–19 Uhr, Sept./Okt. tgl. außer Mi 10–17.30 Uhr, Erw. 8 Euro, Kinder 6 Euro, www.guedelon.org*

Parc Naturel de Boutissaint **[108 C4]**
In dem 4 km^2 großen Naturpark können Ihnen Hirsche, Wildschweine, Mufflons oder Bisons in freier Wildbahn begegnen. Höhepunkt im Herbst: die Hirschbrunst. *Treigny, 40 km westlich von Clamecy, Feb. bis Mitte Nov. tgl. 8–20 Uhr, Erw. 8 Euro, Kinder 5 Euro, www.boutissaint.com*

NIÈVRE

Âniers en Morvan **[113 F1]** Insider Tipp
Wenn das Kinder nicht glücklich macht: mit einem Packesel auf Wanderung gehen! Bei organisierten mehrtägigen Ausflügen ist für Unterkunft von Mensch und Vierbeiner gesorgt. *Les Fricost, Gouloux, 25 km nordöstlich von Château-Chinon, Tel./Fax 03 86 84 56 23, www.ane-et-rando.com, Miete für einen Tag ca. 38 Euro, ab dem 2. Tag ca. 32 Euro*

Musée Ligier de la Formule 1 **[112 C2]**
Auf der Rennstrecke Magny-Cours wird seit 1991 der Grand Prix der Formel 1 ausgetragen. Wenn Schumacher und Co. hier nicht Gas geben, finden andere Motorsportveranstaltungen statt. Das Museum ist das einzige seiner Art in Europa, mit komplettem Rennstall und Kurzfilm über den Bau eines Rennwagens. Angeschlossen ist auch eine Kartbahn. *Circuit de Nevers Magny-Cours, 20 km südlich von Nevers, Technopole, Magny-Cours, Museumsbesichtigung nur in Gruppen: Erw. 13 Euro, Schüler 8 Euro, Reservierung Tel. 03 86 21 80 00, www.magnyf1.com*

Piscine à Vagues **[112 C2]**
Kein Wunder, dass es an warmen Tagen in dem großen Wellenbad hoch hergeht. Die beiden Wasserrutschen sind gigantisch! *Quai de la*

Manche Brunnen können auch ohne Wasser viel Spaß machen

Jonction, Nevers, Juli/Aug. tgl. 10.30–20.30 Uhr, Juni 14–19 Uhr, Erw. 3 Euro, Kinder 1,30 Euro

SAÔNE-ET-LOIRE

Musée Nicéphore Niepce **[114 B3]**
Nicéphore Niepce war der Erfinder der Fotografie – hier sind seine ersten Lichtbilder zu sehen, der erste Fotoapparat der Welt sowie eine große Sammlung weiterer Fotos und Apparate – darunter auch die Kamera, die bei der ersten Apollo-Mondlandung benutzt wurde. *28, quai des Messageries, Chalon-sur-Saône, Juli/Aug. tgl. außer Di 10 bis 12.30 und 13.30–18 Uhr, Sept. bis Juni tgl. außer Di 9.30–11.45 und 14–17.45 Uhr, Erw. 3,10 Euro, Kinder 12–18 J. 1,55 Euro, www.museeniepce.com*

Touroparc **[114 B6]**
Eine tolle Kombination von Tier- und Freizeitpark! In Freigehegen gibt es Elefanten, Giraffen, Gorillas, Tiger, Löwen usw. Für Spiel und Spaß ist auch mit Wasserrutschen, Sturzbach, Minizug und Plantschbecken reichlich gesorgt. Restaurant und Picknickplätze runden das Ganze ab. *Romanèche-Thorins, 16 km südlich von Mâcon, tgl. 10–18.30 Uhr, Eintritt 13 Euro, Kinder unter 4 J. frei, www.touroparc.com*

Train Touristique des Combes **[114 A3]**
10 km lang ist die Strecke durch Täler mit Tunneln, Brücken und Schluchten. Dafür braucht die gemütliche Dampflok eineinhalb Stunden. Zum Abschluss können Sie im angeschlossenen *Parc Touristique des Combes* mit 4 km/h die 435 m (!) lange Rutsche hinuntersausen. *Les Chemins de Fer, Rue des Pyrénées, Le Creusot, April–Okt., Zugabfahrt alle halbe Stunde, Erw. 5,50 Euro, Kinder 3,50 Euro, www.creusot.net/creusot/parc_combes/combes.htm*

Angesagt!

Was Sie wissen sollten über Trends, die Szene und Kuriositäten in Burgund

Elodie Frégé
Sie gewann die Ausgabe 2003 der »Star Academy« (das französische Gegenstück zu »Deutschland sucht den Superstar«). Seitdem versetzt die 23-Jährige aus Treigny im Departement Yonne nicht nur ihre burgundischen Landsleute in Euphorie. Die blonde Pop- und Rock-'n'-Blues-Sängerin gehört inzwischen zu den populärsten französischen Showstars. www.elodieonline.com

Französischer Franc
Offiziell wurde er gemeinsam mit der Mark und dem Schilling vor einigen Jahren abgeschafft: der französische Franc. In der Realität jedoch rechnen noch die meisten der traditionsbewussten Burgunder in der ehemaligen Landeswährung. So sind üblicherweise die Preise in den Geschäften sowohl in Euro als auch in Franc ausgewiesen. Allerdings in neuen Franc, denn – man mag es kaum glauben – so manch' älterer Zeitgenosse kalkuliert hier die Preise noch in alten Franc. Und den gibt es schon seit Jahrzehnten nicht mehr ...

Geheimadressen
Natürlich kaufen die Einheimischen häufig im Supermarkt ein. Aber in einer landwirtschaftlichen Region par excellence kennt jeder seine Erzeugeradresse für den besten *Ratafia,* das beste *confit de canard* oder den Wein mit dem günstigsten Preis. Dort kann man dann das Angenehme mit dem Nützlichen verbinden. Sprich: gut und preiswert einkaufen und dazu ein kleines Schwätzchen halten. Womöglich bei einem Glas »Roten«. Übrigens, die Burgunder teilen ihre Geheimadressen gern mit netten Gästen.

Phänomen Taizé
1940 wurde die Brüdergemeinde Taizé nahe Tournus gegründet. Ihre Anziehungskraft auf junge Menschen aus aller Welt ist nicht nur ungebrochen, sondern wächst ständig weiter. Pro Jahr sind es fast eine Viertelmillion, die hier für Tage oder Wochen eine Gemeinschaft erleben wie nirgendwo sonst. Man hat Taizé auch schon mal ein spirituelles Woodstock genannt.

Von Anreise bis Zoll

Hier finden Sie kurz gefasst die wichtigsten Adressen und Informationen für Ihre Burgundreise

ANREISE

Auto

Durch seine zentrale Lage ist Burgund leicht zu erreichen. So führt die wichtige, von Mulhouse nach Lyon verlaufende A 36/A 6 dicht an Beaune vorbei. Die A 40 verbindet die Städte Mâcon und Genf.

Bahn

Nach Dijon fahren Sie von Deutschland über Offenburg–Strasbourg oder über Saarbrücken–Metz und aus der Schweiz über Lausanne. Reisen Sie vom Norden her über Paris an, fährt vom *Gare de Lyon* der Hochgeschwindigkeitszug *TGV* in 1 Std. 35 Min. nach Dijon.

Flugzeug

Es gibt keine direkten Flüge nach Dijon oder in andere burgundische Städte. Mehrmals täglich gehen jedoch aus vielen deutschen Städten sowie von Zürich und Wien aus Direktflüge nach Paris. Zur Weiterreise empfiehlt sich der *TGV*.

AUSKUNFT

Maison de la France

– Westendstr. 47, 60325 Frankfurt, Tel. 0190/57 00 25, 0,62 Euro/Min., Fax 0190/59 90 61, www.franceguide.com

– Argentinierstr. 4 a, 1040 Wien, Tel. 0900/25 00 15, 0,68 Euro/Min., Fax 01/503 28 71

– Rennweg 42, 8023 Zürich, Tel. 0900/90 06 99, 1,20 CHF Einwahlgebühr plus 0,30 CHF/Min., Fax 01/217 46 17

Außer den lokalen *Offices de Tourisme: Comité Régional du Tourisme de Bourgogne, BP 1602, 21035 Dijon Cedex, Tel. 03 80 50 90 00, Fax 03 80 30 59 45, www.burgund-tourismus.com*

AUTO

Die französischen Autobahnen sind gebührenpflichtig. Höchstgeschwindigkeiten: Autobahn 130 (bei Regen 110), Schnellstraßen 110 (bei Regen 100), National- und Departementstraßen 90 (bei Regen 80), in Ortschaften 50 km/h. Promillegrenze: 0,5. Tagsüber müssen Motorräder mit Abblendlicht fahren, bei Regen und Nebel alle Verkehrsteilnehmer. Schon bei geringen Tempoüberschreitungen haben Sie mit hohen Geldbußen zu rechnen, bei Überschreitung der Höchstgeschwindigkeit von mehr als 50 km/h mit Gefängnis. Bei Unfällen muss Personenschaden vorliegen, damit die Polizei eingreift. Pannenhilfe *(dépanneur-remorquer)* leisten die 24-stündigen Dienste der Automobilhersteller, vermittelt durch die Polizei *(Tel. 17)*. Auch der ADAC-Auslandsnotruf ist rund um die Uhr erreichbar *(Tel. 0049/89 22 22 22)*.

Groß ist die Diebstahlgefahr. Am besten den Wagen nachts in der Hotelgarage oder auf gesicherten Parkplätzen abstellen – ohne jedes Gepäck! Wertsachen auch tagsüber keinesfalls im Wagen liegen lassen.

Angebote für Autovermietung finden Sie unter *www.marcopolo.de*.

BANKEN

Die Öffnungszeiten sind nicht einheitlich geregelt. Im Allgemeinen gilt für große Städte: *Mo–Fr 9–16.30, Sa 9–12.30 Uhr.* In kleinen Orten ist *12.30–14 Uhr Mittagspause* und *Mo geschlossen.* Geldautomaten und Kreditkarten sind weit verbreitet (bevorzugt Visa und Mastercard/Eurocard).

DIPLOMATISCHE VERTRETUNGEN

Deutsches Konsulat
29, rue Buffon, 21000 Dijon, Tel. 03 80 68 06 98, Fax 03 80 68 07 04, www.amb-allemagne.fr

Österreichische Botschaft
6, rue Fabert, 75007 Paris, Tel. 01 40 63 30 63, Fax 01 45 55 63 65, www.amb-autriche.fr

Schweizer Botschaft/Konsulat
142, rue de Grenelle, 75007 Paris, Tel. 01 49 55 67 85, Fax 01 49 55 67 86, www.eda.admin.ch

GESUNDHEIT

Die Kosten für einen Arztbesuch (praktischer Arzt ca. 20 Euro) übernimmt in vielen Fällen (Einreichen der Rechnung) Ihre Krankenkasse.

INTERNET

Das Internet ist in Frankreich weit verbreitet. Website des Comité Régional du Tourisme de Bourgogne: *www.burgund-tourismus.com*. Côte d'Or: *www.cotedor-tourisme.com*, Yonne: *www.tourisme-yonne.com*, Nièvre: *www.cg58.fr*, Saône-et-Loire: *www.burgund-tourismus.com*

INTERNETCAFÉS

Sie heißen in Frankreich *Cyber-Cafés* und sind zahlreich in den meisten Städten zu finden. Adressen unter *www.cybercafe.fr.*

LITERATUR

Josef Bicker und Ulrike Romeis, »Die romanische Steinplastik«: In faszinierenden Detailaufnahmen wird die Zeit lebendig, in der der Figurenschmuck entstand. *Heinrich Pleticha*, »Burgund – Spurensuche im Land der Klöster und der großen Herzöge«: Einblick in die Schönheiten der Natur, aber auch der Kirchen, Klöster und Schlösser. *Martina Meuth und Bernd Neuner-Duttenhofer*, »Burgund – Kulinarische Landschaften«: ein unerlässliches Buch nicht nur für Gourmets.

NOTRUF

Europäischer Notruf *(Polizei, Notarzt, Feuerwehr) Tel. 112*

POST

Briefe (20 g) und Karten in EU-Länder und die Schweiz kosten 55 Cent, in andere europäische Länder 75 Cent.

Was kostet wie viel?

Kaffee	**1,20 Euro** für eine Tasse *petit noir*
Wein	**ab 12 Euro** für eine Flasche im Restaurant
Baguette	**80–90 Cent** beim Bäcker
Autobahn	**6–7 Cent** Gebühr pro Kilometer
Benzin	**etwa 1,10 Euro** für einen Liter (93 Oktan)
Museum	**3–5,50 Euro** für einen Museumsbesuch

PRIVATQUARTIERE

In Burgund ist das eine besonders empfehlenswerte Variante, Ferien zu machen, denn so bekommen Sie am leichtesten Kontakt mit den Einheimischen und erfahren manchen Geheimtipp. Die Organisation *Gîtes de France* hält für Burgund eine große Zahl unterschiedlicher Unterkünfte bereit: *gîte rural*, Ferienhaus oder -wohnung für ein Wochenende oder länger; *chambre d'hôte*, Fremdenzimmer mit Frühstück bei Privatleuten, von einfach bis luxuriös (Schloss); *camping à la ferme*, kleine, ruhige Plätze nahe einem Bauernhof, wo Sie zelten oder den Wohnwagen aufstellen können. *Maison des Gîtes de France et du Tourisme Vert, 59, rue Saint-Lazare, 75439 Paris Cedex 09, Tel. 01 49 70 75 75, Fax 01 42 81 28 53, www.gites-de-france.fr.* Weitere Broschüren erhalten Sie beim *Co-*

mité Régional du Tourisme de Bourgogne, BP 1602, 21035 Dijon Cedex, Tel. 03 80 50 90 00, Fax 03 80 30 59 45, www.burgund-tourismus.com.

STROM

Üblich sind 220–240 V, Flachstecker passen auch in französische Steckdosen. Bei Schukosteckern muss man einen Adapter benutzen.

TELEFON & HANDY

Telefonkarten *(télécartes)* für Telefonzellen gibt es in Tabakläden, Postämtern, Tankstellen und Hotels. Einige Apparate akzeptieren auch Master/Eurocard oder Visa.

Vorwahlen von Frankreich nach Deutschland 0049, Österreich 0043 und in die Schweiz 0041, dann die Ortsvorwahl ohne »0«. Nach Frankreich wählen Sie 0033, dann die 9-stellige Nummer, ebenfalls ohne vorangestellte »0«.

Es gibt drei Mobilfunkbetreiber in Frankreich: *France Telecom, SFR* und *Bouygues Telecom.* Erkundigen Sie sich bei Ihrem Netzbetreiber, ob er ein Roaming-Abkommen z. B. mit *Bouygues Telecom (www.bouyguestelecom.fr)* unterzeichnet hat. In Deutschland sind das E-Plus, Viag Interkom, Mobilcom, T-Mobil und Mannesmann. Die Deckung in Frankreich beträgt 98 Prozent.

TRINKGELD

Im Restaurant und für Taxifahrten wird bis zu 10 Prozent aufgerundet.

ZOLL

Innerhalb der EU dürfen Touristen Waren für den persönlichen Verbrauch – zum Beispiel 800 Zigaretten, 1 kg Tabak, 10 l Spirituosen und 90 l Wein (davon maximal 60 l Schaumwein) – frei ein- und ausführen. Für Schweizer gelten erheblich reduzierte Freimengen.

Wetter in Dijon

	Jan.	Feb.	März	April	Mai	Juni	Juli	Aug.	Sept.	Okt.	Nov.	Dez.
Tagestemperaturen in °C	4	7	11	15	18	22	25	25	21	15	8	5
Nachttemperaturen in °C	-1	0	2	5	8	12	14	14	11	7	3	0
Sonnenschein Std./Tag	2	3	4	6	6	8	9	9	6	4	3	2
Niederschlag Tage/Monat	16	14	15	14	16	13	11	12	11	12	15	15

Tu parles français?

»Sprichst du Französisch?«
Dieser Sprachführer hilft Ihnen, die wichtigsten Wörter und Sätze auf Französisch zu sagen

Zur Erleichterung der Aussprache sind alle französischen Wörter mit einer einfachen Aussprache (in eckigen Klammern) versehen.

AUF EINEN BLICK

Ja/Nein	Oui [ui]/Non [nong]
Vielleicht	Peut-être [pöhtätr]
Bitte	S'il vous plaît [sil wu plä]
Danke	Merci [märsi]
Gern geschehen.	De rien. [dö rjäng]
Entschuldigen Sie!	Excusez-moi! [äksküseh mua]
Wie bitte?	Comment? [kommang]
Ich verstehe Sie/dich nicht.	Je ne comprends pas. [schön kongprang pa]
Ich spreche nur wenig Französisch.	Je parle un tout petit peu français. [schparl äng tu pti pöh frangsä]
Können Sie mir bitte helfen?	Vous pouvez m'aider, s.v.p.? [wu puweh mehdeh sil wu plä]
Guten Morgen/Tag!	Bonjour! [bongschur]
Guten Abend!	Bonsoir! [bongsuar]
Hallo!/Grüß dich!	Salut! [salü]
Wie ist Ihr Name, bitte?	Comment vous appelez-vous? [kommang wus‿apleh wu]
Wie heißt du?	Comment tu t'appelles? [kommang tü tapäl]
Mein Name ist …	Je m'appelle … [schö mapäl]
Ich komme aus …	Je suis de … [schö süi dö]
… Deutschland.	… l'Allemagne. [lalmanj]/
… Österreich.	… l'Autriche. [lohtrisch]
… der Schweiz.	… la Suisse. [la süis]
Auf Wiedersehen!	Au revoir! [oh röwuar]
Tschüss!	Salut! [salü]
Hilfe!	Au secours! [oh skur]
Rufen Sie bitte schnell …	Appelez vite … [apleh wit]
… einen Krankenwagen.	… une ambulance. [ün‿angbülangs]
… die Polizei.	… la police. [la polis]

UNTERWEGS

Bitte, wo ist …	Pardon, où se trouve …, s.v.p.? [pardong, us truw … sil wu plä]
… der Bahnhof?	… la gare … [la gar]
… der Flughafen?	… l'aéroport … [laehropor]
… die Haltestelle?	… l'arrêt … [larä]/ … la station … [la stasjong]
… der Taxistand?	… la place de voitures … [la plas dö woitür]
Bus/Fähre/Zug	le bus [lö büs]/le bac [lö bak]/le train [lö träng]
Entschuldigung, wie komme ich nach …?	Pour aller à …, s.v.p.? [pur‿aleh a sil wu plä]
Immer geradeaus bis …	Vous allez tout droit jusqu'à … [wus‿aleh tu drua schüska]
Dann links/rechts abbiegen.	Ensuite, vous tournez à gauche/à droite. [angsüit wu turneh a gosch/adruat]
nah/weit	près [prä]/loin [luäng]
Überqueren Sie …	Vous traversez … [wu trawärseh]
… die Brücke.	… le pont. [lö pong]
… den Platz.	… la place. [la plas]
… die Straße.	… la rue. [la rü]
Ich möchte … mieten.	Je voudrais louer … [schwudrä lueh]
… ein Auto …	… une voiture. [ün wuatür]
… ein Fahrrad …	… un vélo. [äng wehloh]
… ein Boot …	… un bateau. [äng batoh]
offen/geschlossen	ouvert,e [uwär, uwärt]/fermé,e [färmeh]
drücken/ziehen	presser [presseh]/tirer [tireh]
Eingang/Ausgang	l'entrée [l'angtreh]/la sortie [la sorti]
Wo sind bitte die Toiletten?	Où sont les W.-C., s.v.p.? [u song leh wehseh sil wu plä]
Damen/Herren	dames [damm]/messieurs [messjöh]

SEHENSWERTES

Wann ist das Museum geöffnet?	A quelle heure ouvre le musée? [a käl‿ör uwrö lö müseh]
Wann beginnt die Führung?	La visite guidée est à quelle heure? [la wisit gideh ät‿a käl‿ör]
Altstadt	la vieille ville [la wjäj wil]
Ausstellung	l'exposition [läkspohsisjong]
Gottesdienst	l'office [lofis]
Kirche	l'église [lehglis]
Rathaus	la mairie [la märi]/ l'hôtel de ville [lotäl dö wil] (Großstadt)
Schloss	le château [lö schatoh]
Stadtplan	le plan (de la ville) [lö plang (dö la wil)]
Stadtzentrum	le centre de la ville [santre dö la wil]

Datums- & Zeitangaben

Montag	lundi [längdi]
Dienstag	mardi [mardi]
Mittwoch	mercredi [märkrödi]
Donnerstag	jeudi [schödi]
Freitag	vendredi [wangdrödi]
Samstag	samedi [samdi]
Sonntag	dimanche [dimangsch]
heute/morgen	aujourd'hui [oschurdüi]/demain [dömäng]
täglich	par jour [par schur]
Wie viel Uhr ist es?	Quelle heure est-il? [käl‿ör ät‿il]
Es ist 3 Uhr.	Il est trois heures. [il‿ät truas‿ör]
Es ist halb 3.	Il est deux heures et demie. [il‿ät döhs‿ör eh dmi]
Es ist Viertel vor 3.	Il est trois heures moins le quart. [il‿ät truas‿ör muängl kar]
Es ist Viertel nach 3.	Il est trois heures et quart. [il‿ät truas‿ör eh kar]

Essen & Trinken

Die Speisekarte, bitte.	La carte, s.v.p. [la kart sil wu plä]
Ich nehme …	Je prendrai … [schö prangdrä]
Bitte ein Glas …	Un verre de …, s.v.p. [äng wär dö … sil wu plä]
Besteck	les couverts [leh kuwär]
Messer/Gabel/Löffel	le couteau [lä kutoh]/la fourchette [la furschät]/la cuillère [la kuijär]
Vorspeise	le hors-d'œuvre [lö ordöwr]
Hauptgericht	le plat de résistance [lö plad rehsistangs]
Nachspeise	le dessert [lö dehsär]
Salz/Pfeffer	le sel [lö säl]/le poivre [lö puawr]
scharf	fort,e [for, fort]
Ich bin Vegetarier/in.	Je suis végétarien. [schö süi weschetariang]
Trinkgeld	le pourboire [lö purbuar]
Die Rechnung, bitte.	L'addition, s.v.p. [ladisjong sil wu plä]

Einkaufen

Wo kann ich … kaufen?	Où est-ce qu'on peut acheter …? [u äs kong pöht aschteh]
Apotheke	la pharmacie [la farmasi]
Bäckerei	la boulangerie [la bulangschri]
Kaufhaus	le grand magasin [lö grang magasäng]
Lebensmittelgeschäft	l'épicerie [lehpisri]
Markt	le marché [lö marscheh]

Haben Sie …?	Vous avez …? [wus‿aweh]
Ich möchte …	J'aimerais … [schämrä]
Eine Einkaufstüte, bitte.	Un sac, s.v.p. [äng sak sil wu plä]
Das gefällt mir nicht.	Ça ne me plaît pas. [san mö plä pa]
Wie viel kostet es?	Combien ça coûte? [kongbjäng sa kut]
Nehmen Sie Kreditkarten?	Vous prenez les cartes de crédit? [wu pröneh leh kart dö krehdi]

ÜBERNACHTEN

Ich habe bei Ihnen ein Zimmer reserviert.	J'ai réservé une chambre chez vous. [schö rehsärweh ün schangbrö scheh wu]
Haben Sie noch …	Est-ce que vous avez encore … [äs‿kö wus‿aweh angkor]
… ein Einzelzimmer?	… une chambre pour une personne? [ün schangbr pur ün pärsonn]
… ein Zweibettzimmer?	… une chambre pour deux personnes? [ün schangbr pur döh pärsonn]
mit Bad	avec salle de bains [awäk sal dö bäng]
Was kostet das Zimmer mit Frühstück?	Quel est le prix de la chambre, petit déjeuner compris? [käl‿ä lö prid la schangbr pti dehschöneh kongpri]

PRAKTISCHE INFORMATIONEN

Können Sie mir einen Arzt empfehlen?	Vous pourriez recommander un médecin, s.v.p.? [wu purjeh rökommang deh äng bong mehdsäng sil wu plä]
Ich habe hier Schmerzen.	J'ai mal ici. [scheh mal isi]
Eine Briefmarke, bitte.	Un timbre, s.v.p. [äng tambre sil wu plä]
Postkarte	la carte postale [la kart postal]
Wo ist hier bitte eine Bank?	Pardon, je cherche une banque. [pardong schö schärsch ün bangk]
Geldautomat	la billetterie [la bijätri]

ZAHLEN

1	un, une [äng, ühn]	11	onze [ongs]
2	deux [döh]	12	douze [dus]
3	trois [trua]	20	vingt [wäng]
4	quatre [katr]	50	cinquante [sängkangt]
5	cinq [sängk]	100	cent [sang]
6	six [sis]	200	deux cents [döh sang]
7	sept [sät]	500	cinque cents [sängk sang]
8	huit [üit]	1000	mille [mil]
9	neuf [nöf]	1/2	un demi [äng dmi]
10	dix [dis]	1/4	un quart [äng kar]

Reiseatlas Burgund

Die Seiteneinteilung für den Reiseatlas finden Sie auf dem hinteren Umschlag dieses Reiseführers

Kartenlegende Reiseatlas

le Mans-Est, 4	Autobahn mit Anschlussstelle Motorway with junction
Datum, Date	Autobahn in Bau Motorway under construction
Datum, Date	Autobahn in Planung Motorway projected
R	Raststätte mit Übernachtungsmöglichkeit Roadside restaurant and hotel
R	Raststätte ohne Übernachtungsmöglichkeit Roadside restaurant
E	Erfrischungsstelle, Kiosk Snackbar, kiosk
T A	Tankstelle, Autohof Filling-station, Truckstop
	Autobahnähnliche Schnellstraße mit Anschlussstelle Dual carriage-way with motorway characteristics with junction
	Straße mit zwei getrennten Fahrbahnen Dual carriage-way
	Durchgangsstraße Thoroughfare
	Wichtige Hauptstraße Important main road
	Hauptstraße Main road
	Sonstige Straße Other road
	Fernverkehrsbahn Main line railway
	Bergbahn Mountain railway
	Autotransport per Bahn Transport of cars by railway
	Autofähre Car ferry
	Schifffahrtslinie Shipping route
	Landschaftlich besonders schöne Strecke Route with beautiful scenery
Routes des Crêtes	Touristenstraße Tourist route
	Straße gegen Gebühr befahrbar Toll road
	Straße für Kraftfahrzeuge gesperrt Road closed to motor traffic
	Zeitlich geregelter Verkehr Temporally regulated traffic
15%	Bedeutende Steigungen Important gradients

Kultur
Culture

★★ PARIS ★★ *la Alhambra*	Eine Reise wert Worth a journey
★ TRENTO ★ *Comburg*	Lohnt einen Umweg Worth a detour

Landschaft
Landscape

★★ Rodos ★★ *Fingal's cave*	Eine Reise wert Worth a journey
★ Korab ★ *Jaskinia raj*	Lohnt einen Umweg Worth a detour
	Besonders schöner Ausblick Important panoramic view
	Ausflüge & Touren **Excursions & tours**
	Nationalpark, Naturpark National park, nature park
	Sperrgebiet Prohibited area
4807	Bergspitze mit Höhenangabe in Metern Mountain summit with height in metres
(630)	Ortshöhe Elevation
	Kirche Church
	Kirchenruine Church ruin
	Kloster Monastery
	Klosterruine Monastery ruin
	Schloss, Burg Palace, castle
	Schloss-, Burgruine Palace ruin, castle ruin
	Denkmal Monument
	Wasserfall Waterfall
	Höhle Cave
	Ruinenstätte Ruins
	Sonstiges Objekt Other object
	Jugendherberge Youth hostel
	Flugplatz Airfield
	Regionalflughafen Regional airport
	Verkehrsflughafen Airport

15 km
A
B
C
1
2
3
4
5
6
Pithiviers
Manchecourt
Aulnay-la-Rivière
Puiseaux
Larchant
Nemours
Fontainebleau
Dormelles
Villeneuve-la-Guyard
Champigny
Voulx
Lorrez-le-Bocage-Préaux
Vallery
Chéroy
St. Valérie
Egreville
Souppes-sur-Loing
Château-Landon
Beaumont-du-Gâtinais
Arville
Boynes
Ascoux
Mondreville
Dordives
Fusain
Préfontaines
Ferrières
Beaune-la-Rolande
la Rive-du-Bois
Boiscommun
Lorcy
Cepoy
Ervauville
la Selle-sur-le-Bied
Domats
Villeneuve-la-Dondagre
Courtenay
Gâtinais
Ladon
Bellegarde
Châlette-sur-Loing
Montargis
Amilly
la Chapelle-St. Sépulcre
Chuelles
Autoroute du Soleil
les Quatre-Routes
Châtenoy
Routes des Parcs et Jardins
Lombreuil
St. Germain-des-Prés
Mormant-sur-Vernisson
Châteaurenard
Douchy
Châteauneuf-sur-Loire
Lorris
Montcresson
Melleroy
Charny
Germigny-des-Prés
Varennes-Changy
la Chapelle-s.-Aveyron
St. Benoît-s.-Loire
Montereau
Montbouy
Nogent-sur-Vernisson
St. Maurice-s.-Aveyron
St. Martin-s.-Ouanne
les Bordes
Ouzouer-s.-Loire
les Choux
Sommecaise
Sully-sur-Loire
Dampierre-en-Burly
Bézards
Boismorand
Châtillon-Coligny
le Charme
Grandchamp
St. Aignan-le-Jaillard
Adon
Aillant-s.-Milleron
Champignelles
Rogny
la Bussière
Villeneuve-les-Genêts
Villiers-St-Benoît
Isdes
St. Gondon
Gien
Champcevrais
Loire
Ouzouer-sur-Trézée
Bléneau
Cerdon
St. Brisson-s.-Loire
Breteau
Septfonds
Mézilles
Beuvron
Briare
St. Privé
Dammarie-en-Puisaye
Coullons
Autry-le-Châtel
St. Fargeau
Clémont
Route Jacques Cœur
Lavau
Argent-sur-Sauldre
Blancafort
Châtillon-sur-Loire
Ousson
Bonny-s.-Loire
Thou
Parc Naturel de Boutissaint
Bonny-sur-Loire
Cernoy-en-Berry
Arquian
Châtillon de Ratilly
Aubigny-sur-Nère
Beaulieu
Treigny
Pierrefitte-ès-Bois
Montaine
Neuvy-sur-Loire
St. Amand-en-Puisaye
Oizon
Sury-ès-Bois
Santranges
Ennordres
la Celle-sur-Loire
Bouhy
Vailly-sur-Sauldre
Villegenon
Savigny-en-Sancerre
Léré
Presly
Myennes
Alligny-Cosne
Jars
la Chapelle-d'Angillon
Ste. Gemme-en-Sancerrois
Cosne-sur-Loire
Cosne-s.-L. Centre
Cosne-s.-L.
la Chapelotte
Menetou-Râtel
Couloutre
Ivoy-le-Pré
Pougny
Donzy
Méry-ès-Bois
Henrichemont
St. Satur
Sancerre
Nohain
Maltaverne
Achères
la Borne
Neuilly-en-Sancerre
Vinon
St. Bouize
Ste. Colombe
Route Jacques Cœur
Château de Maupas
Veaugues
Pouilly-sur-Loire
les Pontots
Garchy
St. Martin-d'Auxigny
Menetou-Salon
Jalognes
Montigny
Nannay
Châteauneuf-Val-de-Bargis
Narcy
Feux
Mesves-sur-Loire
les Bertins
les Aix-d'Angillon
Azy
Groises
Herry
Fussy
la Charité-sur-Loire
Murlin
Chemin de St. Jacques
Sancergues
Beaumont-la-Ferrière
BOURGES
Couy
la Marche
Sichamps
St. Germain-du-Puy
Villabon
Jussy-le-Chaudrier
Savigny-en-Septaine
Baugy
Beffes
Chaulgnes
Parigny-les-Vaux
Guérigny
Côtes du Nivernais
A77
A6
A19
E60
N60
N7
N151
E511

112

D
E
F
Grange-le-Bocage
Marcilly-le-Hayer
le Pavillon-Ste.Julie
Feuges
Thorigny-sur-Oreuse
Dierrey-St.Pierre
St.Lyé
Fleurigny
la Grange-au-Rez
Pont-Ste.Marie
Soucy
Molinons
Vulaines
Estissac
Villemaur-sur-Vanne
Torvilliers
TROYES
Fontaine-la-Gaillarde
Villeneuve-l'Archevêque
St.Benoist-sur-Vanne
Aix-en-Othe
Rosières-près-Troyes
Lusigny-sur-Barse
Vauchassis
Mâlay-le-Petit
les Sièges
St.Mards-en-Othe
Bouilly
Villy-le-Maréchal
St.Thibault
Fournaudin
Cerisiers
St.Parres-lès-Vaudes
les Bordes
Jeugny
Villeneuve-sur-Yonne
Arces-Dilo
Chailley-Turny
Auxon
Villeneuve-au-Chemin
Villevallier
Bussy-en-Othe
Neuvy-Sautour
Eryy-le-Châtel
Chaource
Vanlay
Joigny
Brienon-sur-Armançon
St.Florentin
Migennes
Pays d'Othe
Pargues
Armançon
Flogny-la-Chapelle
Coussegrey
Senan
Bassou
Pontigny
Seignelay
Ligny-le-Châtel
Canal de Bourgogne
Fleury-la-Vallée
Aillant-sur-Tholon
Appoigny
Montigny-la-Resle
Dannemoine
Villon
Maulnes
Bleury
Maligny
Tonnerre
St.Martin-sur-Armançon
Cruzy-le-Châtel
Placeaux
Monéteau
Autoroute du Soleil
ST. GEORGES-SUR-BAULCHE
Auxerre-Sud
Fleys
Tanlay
Pimelles
AUXERRE
Chablis
Pourrain
Chevannes
Yrouerre
Lézinnes
Toucy
Champs-s.-Yonne
St. Bris-le-Vineux
Ancy-le-Franc
Escolives-Sainte-Camille
Lichères-Aigremont
Ste.Vertu
Gy-l'Evêque
Leugny
Irancy
Argenteuil-sur-Armançon
Coulanges-la-Vineuse
Vincelles
Cravant
Ouanne
Noyers
Nuits
Coulon
Merry-Sec
Vermenton
Nitry
Sanvigne
Taingy
Courson-les-Carrières
Sacy
Sarry
Etivey
Aisy-sur-Armançon
Lucy-sur-Cure
Joux-la-Ville
Fouronnes
Arcy-sur-Cure
Châtel-Gérard
Mailly-le-Château
Avigny
Montbard
Druyes-les-Belles-Fontaines
Grottes d'Arcy
Bierry-les-Belles Fontaines
Coulanges-sur-Yonne
Voutenay-s.-Cure
l'Isle-sur-Serein
Lucy-le-Bois
Surgy
Châtel-Censoir
Montréal
Vassy
Moutiers-St-Jean
Billy-s.-Oisy
Blannay
Sauvigny-le-Bois
Asquins
Pontaubert
Avallon
Corvol-l'Orgueilleux
Clamecy
Vézelay
Epoisses
Semur-en-Auxois
St. Père
Cussy-les-Forges
Savigny-en-Terre-Plaine
Chamoux
Dornecy
Fouilles des Fontaines Salées
Courcelles
Chemin de St.Jacques
Ouagne
Pierre-Perthuis
Marrault
Ste. Magnance
Bourbilly
Rouvray
Villiers-le-Sec
Tannay
Nuars
Chastellux-s.-Cure
St.Léger-Vauban
Bierre-lès-Semur
Bazoches
Réservoir du Crescent
Villiers-sur-Beuvron
Marcy
Quarré-les-Tombes
Précy-sous-Thil
Asnan
Anthien
St.Martin-du-Puy
Parc Naturel
Brinon-sur-Beuvron
Héry
Lormes
Dun-les-Places
St. Agnan
Canal du Nivernais
Corbigny
Guipy
Cervon
Brassy
St. Brisson
Saulieu
Thoisy-la-Berchère
Vauclaix
Moussy
St. Révérien
Etang de Vaux
Gouloux
Montsauche
Ouroux-en-Morvan
les Settons
Alligny-en-Morvan
Crux-la-Ville
Epiry
Liernais
Bazolles
Aunay-en-Bazois
Chaumard
Régional
Moux
St. Saulge
Bard
Morvan
113

Charmont-sous-Barbuise
Lesmont
Juzanvigny
Louze
Bailly-aux-Forges
Mesnil-Sellières
Piney
Brienne-le-Château
Epothémont
Mertrud
Dommartin-le-Franc
Morvilliers
Sauvage-Magny
Sommevoire
Baudrecourt
Pont-Ste-Marie
Parc Naturel Régional de la Forêt d'Orient
Dienville
Soulaines-Dhuys
Doulevant-le-Chât.
TROYES
Troyes-Est
Géraudot
Nully-Trémilly
Flammerécourt
Lac de la F. d'Orient
Trannes
Ville-s.-Terre
Cirey-s.-Blaise
Lusigny-sur-Barse
Amance
Vernonvilliers
Ambonville
Thors
Mesnil-St.Père
Dolancourt
Arsonval
Blaise
Vendeuvre-sur-Barse
Saulcy
Marbéville
Clérey
Arrentières
Soncourt-s.-Marne
Spoy
Bar-sur-Aube
Colombey-les-Deux-Eglises
St.Parres-lès-Vaudes
Magnant
Couvignon
Lignol-le-Château
Bayel
Sexfontaine
Bligny
Juzennecourt
Marault
Bar-sur-Seine
Vitry-le-Croisé
Champignol-lez-Mondeville
Lavilleneuve-au-Roi
Ville-sous-la-Ferté
Villemorien
Maranville
Jonchery
Chaource
Polisy
Fontette
Laferté-sur-Aube
Villiers-le-Sec
Ource
Pont-la-Ville
Pargues
Essoyes
Bricon
Gyé-sur-Seine
Villars-en-Azois
Chaumont Semoutiers
Laignes
Cunfin
Les Riceys
Châteauvillain
Mussy-sur-Seine
Autricourt
Richebourg
Arthonnay
Gomméville
Coupray
Maulnes
Villedieu
Belan-s.-Ource
Montigny-sur-Aube
Boudreville
Arc-en-Barrois
Brion-sur-Ource
Dancevoir
Cruzy-le-Châtel
Courban
Aubepierre-s.-Aube
Nicey
Cérilly
Louesme
Pimelles
Laignes
Châtillon-sur-Seine
Maisey-le-Duc
St.Loup-s.-Aujon
Rouvres-Arbot
Gigny
Buncey
Ancy-le-Franc
les Forges
Massoult
Gurgy-le-Château
Voisines
Bay-sur-Aube
Chamesson
Leuglay
Recey-sur-Ource
Germaines
Verdonnet
Aisey-s.-Seine
Auberive
Nuits
Savoisy
Coulmier-le-Sec
Villars-Santenoge
Arrans
Etais
Bure-les-Templiers
St.Marc-s.-Seine
Mauvilly
Montmoyen
Praslay
Aisy-sur-Armançon
Villaines-en-Duesmois
Aignay-le-Duc
Beneuvre
Vaillant
Anc. Abbaye de Fontenay
Touillon
Fontaines-en-Duesmois
Montbard
Marmagne
Lucenay-le-Duc
Minot
Grancey-le-Château-Neuvelle
Cussey-les-Forges
les Fontaines
Fain-les-Montbard
Salives
Baigneux-les-Juifs
Echalot
Moutiers-St-Jean
Venarey-les-Laumes
les Laumes
Chât. de Bussy-Rabutin
Darcey
Avot
Marey-s.-Tille
Selongey
Mont Auxois
Alise-Ste.Reine
Fouilles d'Alésia
Lamargelle
Courtivron
Villey-s.-Tille
Semur-en-Auxois
Pouillenay
Flavigny-sur-Ozerain
Thénissey
Chanceaux
Moloy
Is-sur-Tille
Arnay-sous-Vitteaux
Sources de la Seine
Ignon
Til-Châtel
Bourbilly
Lac de Pont
St.Seine-l'Abbaye
Saussy
Bierre-lès-Semur
Posanges
Francheville
Epagny
Vitteaux
Villy-en-Auxois
Val-Suzon
Messigny-et-Vantoux
Norges-la-Ville
Precy-sous-Thil
Chât. de Thil
Mont Tasselot
Darois
St.Thibault
St.Julien
Marcellois
Blaisy-Bas
Lantenay
Plombières-lès-D.
Missery
Grosbois-en-Montagne
Mont Aigüe
Fontaine-lès-D.
Arc-s-Tille
Thoisy-la-Berchère
Mt.-St.-Jean
Sombernon
Pont-de-Pany
Fleurey
Velars
DIJON
Chailly-s.-Armançon
Pouilly-en-Auxois
Civry-en-Montagne
Commarin
Montbard
Sombernon
Mont Afrique
CHENÔVE
Longvic
Chevigny-St.Sauveur
Barbirey-s.-Ouche
Marsannay-la-Côte
Autun/Saulieu
Quemigny-Poisot
Fixin
Dijon (Longvic)
Fauverney
Liernais
Châteauneuf
Château-neuf
Gevrey-Chambertin
Genlis
Clomot
Rouvres
Ste.Sabine
Clos de Vougeot
Corcelles
Longecourt
Bard
15 km
A
B
C
1
2
3
4
5
114
110

D
E
F
lès-Joinville
Pancey
-en-Barrois
-le-Château
Vouthon
N74
Autreville
Ceintrey
Vézelise
Chassey-Beaupré
Vaudeville-le-Haut
Ruppes
Saulxerotte
Echenay
Maxey-sur-Meuse
Poissons
Dainville-Bertheléville
Domrémy-la-Pucelle
Martigny-les-Gerbonvaux
Tranqueville-Graux
Laloeuf
Brenon
Sion
Ronville
Annonville
Germay
Coussey
Signal de Vaudémont
Mussey-s.-Marno
Epizon
Grand
Midrevaux
Aroffe
Vicherey
Trampot
A31
Mont-Villiers
Doulaincourt-Saucourt
Busson
Aillianville
Neufchâteau
Frenelle
Repel
Liffol-le-Grand
Roches-Bettaincourt
Rouvres-la-Chétive
Gironcourt-sur-Vraine
Épinal (Mirecourt)
Bazoilles-s.-Meuse
Châtenois
Vignes-la-Côte
St. Blin-Semilly
Prez-sous-Lafauche
Landaville-le-Haut
Houécourt
Rouvres-en-Xaintois
Mirecourt
Andelot
Semilly
Rimaucourt
Harréville-les-Chanteurs
Aulnois
Offroicourt
Chalvraines
Goncourt
Pompierre
Malain-court
Domjulien
Chantraines
Médonville
Mont St. Jean
Bourdons-s.-Rognon
St. Thiébault
Bulgnéville
Mandres-s.-Vair
Remoncourt
Haréville
Darmannes
Consigny
Soulaucourt-s.-Mouzon
Vittel
Valfroicourt
Le Puits-des-Mèzes
Huilliécourt
Vrécourt
St. Ouen-les-Parey
Contrexéville
Col du Poirier
Esley
Suriauville
Esnouveaux
Mennouveaux
Levécourt
Crainvilliers
Dombrot-le-Sec
Thuillières
Lerrain
CHAUMONT
Biesles
Blévaincourt
Rocourt
Martigny-les-Bains
Viviers-le-Gras
Jésonville
Clefmont
Damblain
Mandres-la-Côte
Noyers
Breuvannes-en-Bassigny
Serocourt
Mont des Fourches
Darney
Choiseul
Lamarche
Nogent-en-Bassigny
Sérécourt
Bleurville
Hennezel
Fresnoy-en-Bassigny
Monthureux-s.-Saône
Claudon
Montigny-le-Roi
Sarrey
Meuse
Parnoy-en-Bassigny
Dammartin-s.-Meuse
Serqueux
les Thons
le Grand
Ambiévillers
Langres-Nord
Montigny-le-Roi
Senaide
Passavant-la-Rochère
Frécourt
Bourbonne-les-Bains
Regnevelle
Selles
Rés. de Charmes
Val de Gris
Fresnes-s.-Apance
Vougécourt
Demangevelle
Jonvelle
Bannes
Plesnoy
Montcharvot
Vauvillers
Corre
Saints-Geosmes
Rés. de la Liez
Varennes-Terre-Natale
Chézeaux
Voisey
le Donnet
Melincourt
Langres
Celsoy
Hortes
Blondefontaine
Polaincourt-et-Clairefontaine
Bize
Laferté-s.-Amance
Superbe
St. Rémy
Conflans-s.-Lanterne
Chalindrey
Mance
Jussey
Montureux-lès-Baulay
le Pailly
Fayl-la-Forêt
Pierremont-s.-Amance
Vitrey-s.-Mance
Amance
Longeau
Gevigney-et-Mercey
Bussières-Champsevraine
St. Pérégrin-s.-Vannou
Augicourt
Port d'Atelier-Amance
Faverney
Cintrey
la Villedieu-en-Fontenette
E54
Grandchamp
Genevrières
Arbecey
Chassigny
Grenant
la Roche-Morey
Lanterne
Savigny
Combeaufontaine
Coublanc
Frettes
Betoncourt-les-Ménétriers
Flagy
Pisseloup
Port-sur-Saône
Bougnon
Vaux-s.-Aubigny
Leffond
Fouvent-St. Andoche
Vauconcourt-Nervezain
Scey-s.-Saône-et-St. Albin
Cusey
Charmoille
Champlitte
Mont-St. Léger
Vesoul
Sacquenay
Neuvelle
Vaite
Saône
Noidans-le-Ferroux
Grotte de Solborde
Chazeuil
Salon
St. Seine-l'Eglise
Dampierre-s.-Salon
Vellexon
Vellefaux
Fontaine-Française
Autet
Fresne-St. Mamès
Oyrières
l'Abbe de la Charité
Grandvelle-et-le-P
Dampierre-s-L
Beaumont-s.-Ving.
Autrey
Beaujeu
Ft. de Belle Vaivre
Champagne-sur-Vingeanne
Arc
la Chapelle-St. Quillain
Fretigney
Hyet
Montbozon
Gray
Renève
Mirebeau
Essertenne
Champvans
Choye
Gy
Oiselay-et-Grachaux
Rioz
Loulans
Talmay
Charcenne
Boult
Rigney
Pontailler-s.-Saône
Broye
Valay
Bonboillon
Etuz
Voray-s.-l'Ognon
Moncey
Mt. Bichot
La Comtoise
Emagny
Fort de Chailluz
Lamarche-s.-Saône
Chaumercenne
Marnay
Pesmes
Roulans
Bes.-Est
Champ
Abbe d'Acey
Recologne
Bes.-St. Claude
Villiers-les-Pots
Flammerans
Athée
Belancon
Ougney
Montmirey
Audeux
Pouilley-les-V.
la Côte du Mont
BESANÇON
115

108
A
B
C
BOURGES
St.Germain-du-Puy
Fussy
Asnières
les Aix-d'Angillon
Azy
Groises
Feux
Herry
Mesves-sur-Loire
la Charité-sur-Loire
les Bertins
Murlin
Beaumont-la-Ferrière
Sichamps
Chemin de St.Jacques
Sancergues
Couy
Villabon
Farges-en-Septaine
Savigny-en-Septaine
Soye-en-Septaine
Avord
Baugy
Villequiers
Garigny
Jussy-le-Chaudrier
Beffes
la Marche
Parigny-les-Vaux
Guérigny
Pougues-les-Eaux
Garchizy
Jouet-s.-l'Aubois
Mornay-Berry
Crosses
Plaimpied-Givaudins
St.Just
Jussy-Champagne
Bengy-sur-Craon
Nérondes
Torteron
Fourchambault
NEVERS
Coulanges-lès-Nevers
Varennes-Vauzelles
Ouroüer
Vorly
Osmery
Cornusse
la Guerche-s.-l'Aubois
Cuffy
St.Eloi
Chaluy
les Bourdelins
Dun-sur-Auron
Bussy
Blet
Germigny-l'Exempt
Apremont-sur-Allier
Chevenon
Imphy
Coudron
St-Loup-des-Chaumes
Chalivoy-Milon
Véreaux
Grossouvre
Route des Parcs et Jardins
Chemin de St.Jacques
Magny-Cours
St.Ouen-sur-Loire
Route Jacques Cœur
Thaumiers
Neuvy-le-Barrois
Luthenay-Uxeloup
Meillant
Bruère-Allichamps
Bannegon
Sancoins
Mornay-sur-Allier
St.Pierre-le-Moûtier
Canal du Berry (déclassé)
Anc.Abb.de Noirlac
Bessais-le-Fromental
St.Aignan-des-Noyers
Chât.de St.Augustin
Neuville-lès-Decize
Azy-le-Vif
Orval
St.Amand-Montrond
Charenton-du-Cher
Laugère
Ainay-le-Château
Chemin de St. Jacques
Lurcy-Lévis
le Veurdre
Pouzy-Mésangy
Limoise
Meslon
Ainay-le-Vieil
Couleuvre
Urçay
Saulzais-le-Potier
Meaulne
Epineuil-le-Fleuriel
Cérilly
Circuit du Lys
Franchesse
Couzon
Villeneuve-sur-Allier
le Brethon
Theneuille
St.Plaisir
St.Vitte
la Grave
Vallon-en-Sully
le Vilhain
Bourbon-l'Archambault
Montilly
Ygrande
St.Menoux
Avermes
Forêt de Tronçais
Hérisson
Bourbonnais
Souvigny
Aumance
Audes
Reugny
Louroux-Hodement
Cosne-d'Allier
le Pont-Cellier
Meillers
Buxières-les-Mines
la Pierre-Percée
Besson
Cressanges
Estivareilles
St.Victor
Bizeneuille
Murat
Tronget
le Montet
Bessay-sur-Allier
Domérat
DÉSERTINES
Montluçon
St.Angel
Villefranche-d'Allier
Deux-Chaises
Tréban
Châtel-de-Neuvre
MONTLUÇON
Chamblet
Doyet
Bézenet
Montmarault
Verneuil-en-Bourbonnais
Commentry
Voussac
le Theil
Saulcet
St.Loup
Chazeuil
Néris-les-Bains
Colombier
Circuit du Lys
St.Pourçain-sur-Sioule
Durdat-Larequille
Monestier
Lapeyrouse
Marcillat-en-Combraille
Montaigut
Chantelle
Echassières
Bellenaves
St.Eloy-les-Mines
St.Rémy-en-Rollat
Lalizolle
St.Bonnet-de-Rochefort
Jenzat
le Mayet-d'Ecole
Pionsat
Chouvigny
Gorges de Chouvigny
Escurolles
Bellerive-sur-Allier
Menat
Teilhet
Pont de Menat
Ebreuil
Gannat
Cognat-Lyonne
St.Maurice-près-Pionsat
15 km
Gorges de la Sioule
St.Pardoux
St.Gervais-d'Auvergne
Châteauneuf-les-Bains
Abrest
St.Yorre
St.Priest-des-Champs
Effiat
Dontreix
Méandre de Queuille
Aigueperse
Viaduc des Fades
Montel-de-Gelat
St.Georges-
Aubiat
Randan
les Ancizes
Buron
Allier
Sioule

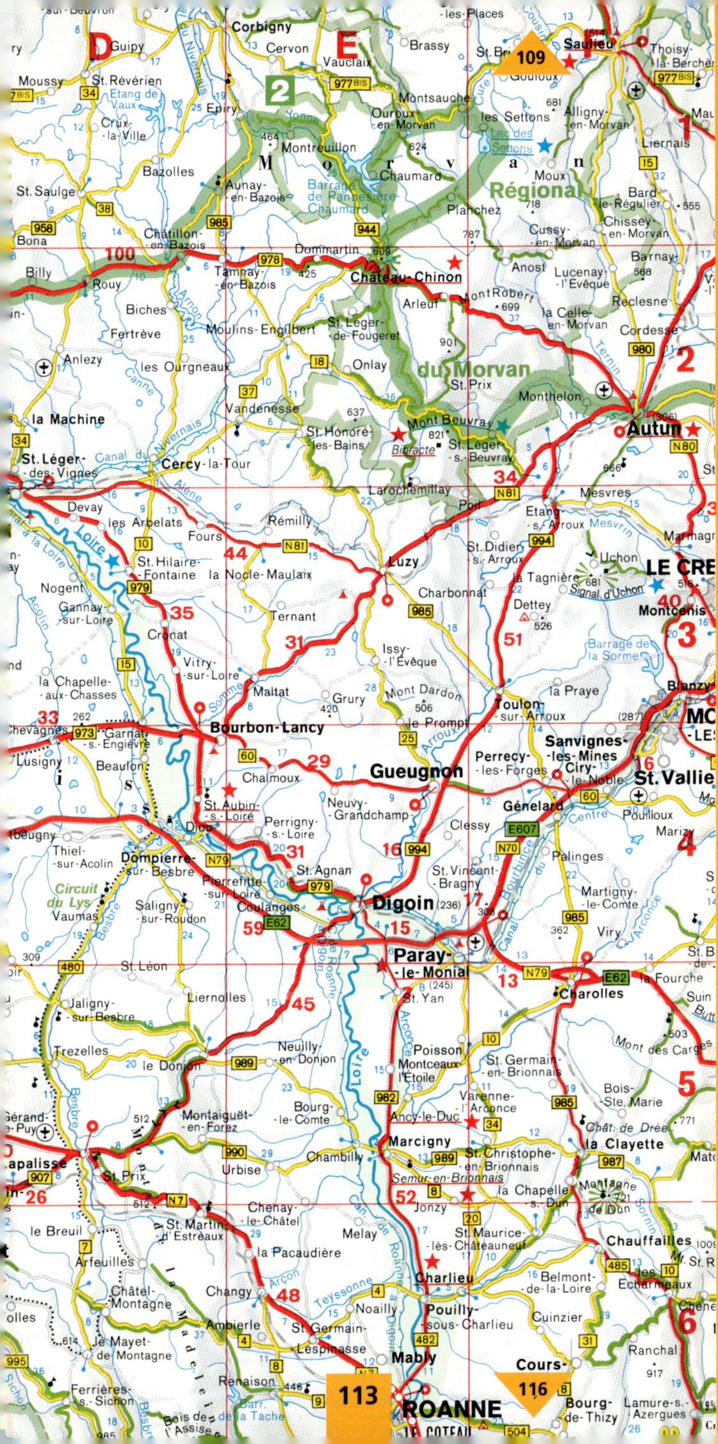

109
113
116
Corbigny
Cervon
Vauclaix
Brassy
Saulieu
Thoisy-la-Berchère
Guipy
Moussy
St. Révérien
Etang de Vaux
Crux-la-Ville
Epiry
Montsauche
Ouroux-en-Morvan
les Settons
Lac des Settons
Alligny-en-Morvan
Liernais
Montreuillon
Barrage de Pannesière-Chaumard
Chaumard
Bazolles
St. Saulge
Aunay-en-Bazois
Régional
Moux
Bard-le-Régulier
Chissey-en-Morvan
Planchez
Cussy-en-Morvan
Bona
Châtillon-en-Bazois
Dommartin
Château-Chinon
Anost
Lucenay-l'Evêque
Barnay
Billy
Rouy
Tamnay-en-Bazois
Mont Robert
Arleuf
Reclesne
Biches
Moulins-Engilbert
St. Léger-de-Fougeret
la Celle-en-Morvan
Cordesse
Fertrève
Anlezy
les Ourgneaux
Onlay
du Morvan
St. Prix
Monthelon
Vandenesse
Mont Beuvray
Autun
la Machine
St. Honoré-les-Bains
Bibracte
St. Léger-s.-Beuvray
St. Léger-des-Vignes
Canal du Nivernais
Cercy-la-Tour
Larochemillay
Poil
Mesvres
Devay
les Arbelats
Fours
Rémilly
Etang-s.-Arroux
St. Hilaire-Fontaine
la Nocle-Maulaix
Luzy
St. Didier-s.-Arroux
Uchon
LE CRE
Nogent
la Tagnière
Signal d'Uchon
Gannay-sur-Loire
Charbonnat
Ternant
Dettey
Montcenis
Cronat
Issy-l'Evêque
Barrage de la Sorme
Vitry-sur-Loire
la Chapelle-aux-Chasses
Maltat
Grury
Mont Dardon
la Praye
Blanzy
Chevagnes
Garnat-s.-Engièvre
Bourbon-Lancy
le Prompt
Toulon-sur-Arroux
Lusigny
Beaulon
Chalmoux
Gueugnon
Perrecy-les-Forges
Sanvignes-les-Mines
Ciry-le-Noble
St. Vallie
St. Aubin-s.-Loire
Neuvy-Grandchamp
Génelard
Pouilloux
Perrigny-s.-Loire
Clessy
Marizy
Thiel-sur-Acolin
Dompierre-sur-Besbre
Diou
St. Agnan
Palinges
Circuit du Lys
Pierrefitte-sur-Loire
St. Vincent-Bragny
Vaumas
Saligny-sur-Roudon
Coulanges
Digoin
Martigny-le-Comte
Viry
Paray-le-Monial
St. Léon
Charolles
la Fourche
St. Yan
Jaligny-sur-Besbre
Liernolles
Suin
Trezelles
le Donjon
Neuilly-en-Donjon
Poisson
Montceaux-l'Etoile
St. Germain-en-Brionnais
Mont des Carges
Bois-Ste. Marie
Montaiguët-en-Forez
Bourg-le-Comte
Varenne-l'Arconce
Anzy-le-Duc
Marcigny
Chât. de Drée
la Clayette
Lapalisse
St. Christophe-en-Brionnais
Urbise
Chambilly
Semur-en-Brionnais
St. Prix
la Chapelle-s.-Dun
Montagne de Dun
Jonzy
Chenay-le-Châtel
le Breuil
St. Martin-d'Estréaux
Melay
St. Maurice-lès-Châteauneuf
Chauffailles
Arfeuilles
la Pacaudière
Charlieu
Belmont-de-la-Loire
Echarmeaux
Châtel-Montagne
Changy
Noailly
Pouilly-sous-Charlieu
Cuinzier
Ambierle
St. Germain-Lespinasse
Le Mayet-de-Montagne
Ranchal
Mably
Cours
Renaison
Ferrières-s.-Sichon
Barr. de la Tache
ROANNE
Bourg-de-Thizy
Lamure-s.-Azergues
Loire
Arroux
Canal de Roanne à Digoin
Besbre
Arconce

DIJON
Chenôve
Longvic
Marsannay-la-Côte
Fixin
Gevrey-Chambertin
Clos de Vougeot
Corcelles-les-Cîteaux
Nuits-St. Georges
Abb. de Cîteaux
Savigny-lès-Beaune
Aloxe-Corton
Beaune
Pommard
Meursault
Santenay
Chagny
Chalon-s.-Saône
St. Rémy
St. Marcel
Givry
Buxy
Tournus
Cuisery
Sennecey-le Grd.
Pont-de-Vaux
Mâcon
Charnay-lès-Mâcon
Solutré-Pouilly
Cluny
Cormatin
Feillens
Bâgé-le-Châtel
Crêches
La Chapelle-de-Guinchay
Romanèche-Thorins
Belleville
Beaujeu
Bourg-en-Bresse
Brou
Vonnas
Péronnas
Montrevel-en-Bresse
Louhans
Seurre
Verdun-s.-le-Doubs
St. Martin-en-Bresse
Autun
Le Creusot
Montceau-les-Mines
Montchanin
Torcy
St. Vallier
Epinac
Arnay-le-Duc
Châteauneuf-en-Auxois
Sombernon
Liernais
Thury
Sully
Couches
Marmagne
Blanzy
Mont-St.-Vincent
Salornay-s.-Guye
St. Gengoux-le-National
Mâconnais
Route des Vins Mâconnais Beaujolais
Autoroute du Soleil
15 km

111
Besançon
Dole
Auxonne
Marnay
Quingey
Ornans
Salins-les-Bains
Arbois
Poligny
Champagnole
Lons-le-Saunier
Morez
St. Claude
Oyonnax
Nantua
Gex
Genève (Genf)
Nyon
Annemasse
Divonne
Versoix
Ferney-Voltaire
St. Julien-en-Genevois
Schweiz
Lac Léman
Mouthe
Levier
Pontarlier
Nozeroy
Clairvaux-les-Lacs
Orgelet
Saint-Amour
Bletterans
Sellières
Mouchard
Montmirey
Pesmes
Rochefort-s.-N.
Tavaux
Damparis
Chaussin
Foncine-le-Bas
les Rousses
St. Cergue
Parc Naturel Régional du Haut-Jura
Forêt de Chaux
Doubs
Loue
Ain

MARCO POLO

Für Ihre nächste Reise gibt es folgende Titel:

Deutschland
Allgäu
Amrum/Föhr
Bayerischer Wald
Berlin
Bodensee
Chiemgau/ Berchtesgaden
Dresden/ Sächsische Schweiz
Düsseldorf
Eifel
Erzgebirge/ Vogtland
Franken
Frankfurt
Hamburg
Harz
Heidelberg
Köln
Lausitz/Spreewald/ Zittauer Gebirge
Leipzig
Lüneburger Heide/ Wendland
Mark Brandenburg
Mecklenburgische Seenplatte
Mosel
München
Nordseeküste Schleswig-Holstein
Oberbayern
Ostfriesische Inseln
Ostfriesland Nordseeküste Niedersachsen
Ostseeküste Mecklenburg-Vorpommern
Ostseeküste Schleswig-Holstein
Pfalz
Potsdam
Rügen
Ruhrgebiet
Schwäbische Alb
Schwarzwald
Stuttgart
Sylt
Thüringen
Usedom
Weimar

Österreich Schweiz
Berner Oberland/ Bern
Kärnten
Österreich
Salzburger Land
Schweiz
Tessin
Tirol
Wien
Zürich

Frankreich
Bretagne
Burgund
Côte d'Azur
Disneyland Paris
Elsass
Frankreich
Französische Atlantikküste
Korsika
Languedoc/ Roussillon
Loire-Tal
Normandie
Paris
Provence

Italien Malta
Apulien
Capri
Dolomiten
Elba/Toskanischer Archipel
Emilia-Romagna
Florenz
Gardasee
Golf von Neapel
Ischia
Italien
Italienische Adria
Italien Nord
Italien Süd
Kalabrien
Ligurien
Mailand/ Lombardei
Malta
Oberitalienische Seen
Piemont/Turin
Rom
Sardinien
Sizilien
Südtirol
Toskana
Umbrien
Venedig
Venetien/Friaul

Spanien Portugal
Algarve
Andalusien
Barcelona
Costa Blanca
Costa Brava
Costa del Sol/ Granada
Fuerteventura
Gran Canaria
Ibiza/Formentera
Jakobsweg/ Spanien
La Gomera/ El Hierro
Lanzarote
La Palma
Lissabon
Madeira
Madrid
Mallorca
Menorca
Portugal
Spanien
Teneriffa

Nordeuropa
Bornholm
Dänemark
Finnland
Island
Kopenhagen
Norwegen
Schweden
Südschweden/ Stockholm

Westeuropa Benelux
Amsterdam
Brüssel
England
Flandern
Irland
Kanalinseln
London
Luxemburg
Niederlande
Niederländische Küste
Schottland
Südengland

Osteuropa
Baltikum
Budapest
Kaliningrader Gebiet
Litauen/Kurische Nehrung
Masurische Seen
Moskau
Plattensee
Polen
Prag
Riesengebirge
Rumänien
Russland
Slowakei
St. Petersburg
Tschechien
Ungarn

Südosteuropa
Bulgarien
Bulgarische Schwarz-meerküste
Kroatische Küste/ Dalmatien
Kroatische Küste/ Istrien/Kvarner
Slowenien

Griechenland Türkei
Athen
Chalkidiki
Griechenland Festland
Griechische Inseln/Ägäis
Istanbul
Korfu
Kos
Kreta
Peloponnes
Rhodos
Samos
Santorin
Türkei
Türkische Südküste
Türkische Westküste
Zakinthos
Zypern

Nordamerika
Alaska
Chicago und die Großen Seen
Florida
Hawaii
Kalifornien
Kanada
Kanada Ost
Kanada West
Las Vegas
Los Angeles
New York
San Francisco
USA
USA Neuengland/ Long Island
USA Ost
USA Südstaaten
USA Südwest
USA West
Washington D.C.

Mittel- und Südamerika
Argentinien
Brasilien
Chile
Costa Rica
Dominikanische Republik
Jamaika
Karibik/ Große Antillen
Karibik/ Kleine Antillen
Kuba
Mexiko
Peru/Bolivien
Venezuela
Yucatán

Afrika Vorderer Orient
Ägypten
Djerba/ Südtunesien
Dubai/Emirate/Oman
Israel
Jemen
Jerusalem
Jordanien
Kenia
Marokko
Namibia
Südafrika
Syrien
Tunesien

Asien
Bali/Lombok
Bangkok
China
Hongkong/Macau
Indien
Japan
Ko Samui/Ko Phangan
Malaysia
Nepal
Peking
Philippinen
Phuket
Rajasthan
Shanghai
Singapur
Sri Lanka
Thailand
Tokio
Vietnam

Indischer Ozean Pazifik
Australien
Hawaii
Malediven
Mauritius
Neuseeland
Seychellen
Südsee

Cityguides
Berlin für Berliner
Frankfurt für Frankfurter
München für Münchner
Stuttgart für Stuttgarter

Sprachführer
Arabisch
Englisch
Französisch
Griechisch
Italienisch
Kroatisch
Niederländisch
Norwegisch
Polnisch
Portugiesisch
Russisch
Schwedisch
Spanisch
Tschechisch
Türkisch
Ungarisch

In diesem Register sind alle in diesem Führer erwähnten Orte und Ausflugsziele verzeichnet. Halbfette Seitenzahlen verweisen auf den Haupteintrag, kursive auf ein Foto.

Schreiben Sie uns!

Liebe Leserin, lieber Leser,

wir setzen alles daran, Ihnen möglichst aktuelle Informationen mit auf die Reise zu geben. Dennoch schleichen sich manchmal Fehler ein – trotz gründlicher Recherche unserer Autoren/innen. Sie haben sicherlich Verständnis, dass der Verlag dafür keine Haftung übernehmen kann. Wir freuen uns aber, wenn Sie uns schreiben.

Senden Sie Ihre Post an die Marco Polo Redaktion,
MAIRDUMONT, Postfach 31 51, 73751 Ostfildern,
info@marcopolo.de

Impressum

Titelbild: Côte de Nuits, Domaine d'Ardhuy (HB Verlag: Kiedrowski)
Fotos: W. Dieterich (U l., 1, 2 o., 5 r., 6, 9, 18, 20, 22, 28, 36, 39, 41, 44, 52, 58, 64, 70, 73, 90, 96); HB Verlag: Kiedrowski (U M., U r., 7, 11, 12, 25, 27, 31, 45, 56, 57, 66, 88, 95, 105); Mauritius: Messerschmidt (82); Schuster: Explorer (2 u., 21, 24, 32), Hall (65); T. Stankiewicz (26); Steffens (46, 75, 85); Transglobe: Sattler (87); Vintage: Jüttner (5 l., 16, 60, 74, 79); E. Wrba (4, 15, 49, 55, 92)

6., aktualisierte Auflage 2005 © MAIRDUMONT, Ostfildern
Herausgeber: Ferdinand Ranft, Chefredakteurin: Marion Zorn
Redaktion: Marlis v. Hessert-Fraatz, Bildredaktion: Gabriele Forst
Kartografie Reiseatlas: © MAIRDUMONT/Falk Verlag, Ostfildern
Vermarktung: MAIRDUMONT MEDIA, media@mairdumont.com
Gestaltung: red.sign, Stuttgart
Sprachführer: in Zusammenarbeit mit Ernst Klett Sprachen GmbH, Stuttgart, Redaktion PONS Wörterbücher

Printed in Germany. Gedruckt auf 100% chlorfrei gebleichtem Papier

Bloß nicht!

Zu guter Letzt ein paar Tipps, was Sie in Burgund tunlichst vermeiden sollten

Zur falschen Zeit die A 6 benutzen

Sie trägt den Beinamen *Autoroute du Soleil* (Autobahn der Sonne): Als wichtigste Verbindung der Region Paris und des Nordens Frankreichs mit den Urlaubsregionen am Mittelmeer und in den Alpen produziert die A 6 zwischen Auxerre und Beaune an Ferienwochenenden legendäre Staus. Wenn möglich, vermeiden Sie zu dieser Zeit diesen Abschnitt.

Den Verkehrsrowdy spielen

Nach Jahrzehnten eher laxen Umgangs mit Verkehrsregeln schlagen die französischen Behörden nunmehr den genau entgegengesetzten Kurs ein. Mit modernstem Gerät – feste und mobile Radaranlagen – und verstärkter Präsenz begibt man sich auf die Jagd nach Verkehrssündern. Einmal ertappt, drohen saftige Strafen bis hin zum Konfiszieren des Fahrzeugs. Also: besser cool bleiben!

Im Restaurant selbst einen Tisch suchen

In guten Restaurants herrscht meist reger Andrang. Um niemanden abweisen zu müssen, will die Belegung der Tische gut überlegt sein. Nicht zuletzt deshalb – aber auch aus Höflichkeit – geleitet Sie der Verantwortliche für den Gastraum an Ihren Tisch. Natürlich steht es Ihnen zu, eigene Wünsche zu äußern. Sich selbst zu platzieren wird jedoch – außer in Fastfoodlokalen – nirgends gern gesehen.

Wein im Kofferraum lassen

Wenn Sie beim Winzer oder Weinhändler den Wein Ihres Vertrauens erworben haben, sollten Sie ihn nicht im Kofferraum des Autos lassen. Ein in der Sonne abgestelltes Fahrzeug kann im Innenraum leicht Temperaturen von über 60 Grad erreichen. Und das hat einen erheblichen Qualitätsverlust Ihres guten Tropfens zur Folge. Wein verträgt weder Hitze noch übermäßig viel Licht. Deshalb auch nie Flaschen aus dem Schaufenster eines Ladens kaufen.

Abends auf ein Taxi hoffen

Viele lohnende Restaurants befinden sich nicht unbedingt in der Nähe Ihrer Unterkunft. Wenn Sie dann den Verlockungen der Weinkarte erlegen sind und spontan ein Taxi bestellen möchten, werden Sie vor allem am späten Abend und außerhalb der größeren Städte eine böse Überraschung erleben. Es kommt keines! Entweder müssen Sie Taxis rechtzeitig für eine bestimmte Zeit vorbestellen oder aber jemand an Ihrem Tisch finden, der die 0,5-Promillegrenze respektiert.